橫跨一萬七千公里，
一圓作家夢

SPANNING 17,000 KILOMETERS,REALIZE THE DREAM OF A WRITER

感動推薦 FOREWORD

這年頭願意為自己專注熱情，一步一腳印地踏遍夢想之路，非常不容易。從旅途足跡中，給當代踏青者一份屬於新生代的集錦耕耘，是很不容易的工程。

—— **膝關節** / 台灣影評人協會副理事長

這本書不僅描述了作者追夢過程，更想藉由作者本身經歷，讓年輕人更有勇氣追夢。旅途中所發生的大小事，看似平凡，卻格外值得珍惜，尤其是作者與另兩位朋友間的羈絆，更讓人印象深刻。

—— 藝人**吳鳳** / 金鐘主持人、YouTuber、講師、作家

慕盈最讓我敬佩的，就是用實際的行動、堅定的意念還有過人的勇氣完成夢想！證明努力是不會白費的，去追夢吧！成為發光發熱的你！

—— 藝人**菜子** /《青春好7淘》、《呷飽未》主持人

用自己冒險世界各國的經歷，告訴你旅行帶來的一切美好。從章序開始，就有段別有意義的心靈雞湯，不僅讓讀者感同深受，同時貫穿整篇文字，使讀者產生共鳴。

—— 製作人**陳鉦錩** /《上山下海過一夜》、金鐘獎《愛玩客－老外看台灣》製作人

關於夢想，有的人選擇實現它，有的人僅是擁有它，看著勇敢跨出每一步的慕盈，你會重新燃起追逐夢想的勇氣。

—— 製作人**邱湘瑩** /《愛玩客》、《青春好7淘》、《呷飽未》、《出發吧女孩》製作人

夢想的偉大，映在了慕盈成為作家的身份上，稚嫩又害羞的臉龐，卻在書中文字裡展現勇敢無畏的巨大身影，瀏覽她的大江南北，能在字裡行間找到那股跟自己一樣傻勁與勇氣！

—— 導演**巫少強**《上山下海過一夜》、
金鐘獎《愛玩客－老外看台灣》導演、曾入圍金鐘獎非戲劇類攝影獎

恭喜慕盈又寫下一本夢想篇章！只要跨了第一步，就有機會完成夢想，人只有這輩子，有夢就去闖，相信每段歷程，都會是最美好的成長資糧！

—— 導演**林君諭**/《上山下海過一夜》、
《愛玩客－老外看台灣》導演、曾任《寶島神很大》導演

視后**苗可麗**/金鐘獎女主角
藝人**黃沐妍**/《全明星運動會第三季》、《戒指流浪記》演員
廣播女神**瑪麗**/《哥哥妹妹有意思》飛碟電台 DJ、《綜藝 3 國智》主持人

作者序 PREFACE

　　歷經三年前出版《2020-21 台北食玩買終極天書》後，我陸續出版了《騙爸爸去美國》、《台北最好玩－Muying 帶路遊台北》，直到現在出版了第四本書，才終於告訴大家，當初我是如何當上作家的。

　　寫這本書並不是想要告訴大家成為一名作家該有哪些條件、能力，而是想要用自己的經歷去證明，成立夢想的先決條件下，是要有顆追逐夢想的心。

　　只要有夢想就要去追，因為會有無限可能；那個可能，不在於外在的任何條件，而是在於你自己。

　　如果你願意去跨出第一步，那夢想就有可能實現的一天。

　　想要當機長就先去報名飛行訓練、培訓機師考試、學習語言；覺得自己想當歌手，外表卻不夠出眾，那就去學唱歌、報名徵選，用自己的實力去闖一片天；想當旅遊作家，就要有闖闖世界的決心，走過的任何一步都有可能是下一篇章；歷經不斷的投稿再投稿，總有出書的一天，無論你是否書已經寫好了，當你寄出自薦信的那刻，就有百分之五十的機會會被看到。

　　連我這樣平凡、普通的女孩都能做到了，相信所有人都能做到。

　　一旦準備好了，迎接的就算不是風平浪靜，也有乘風破浪的一天；陽光的背後即使是陰影，也總會有發光的機會。

　　很慶幸在我圓夢的路上，有兩位朋友陪我一起，我們三人說好了就算拄著拐杖，也要相互扶持，這本書除了寫給那些和我一樣追逐夢想的朋友們，也獻給我這兩位摯友，宇翎和孟桉。

也感謝當初在歐洲，與我們一同旅行的香港出版社，願意讓我用改名的方式，將當時一同旅遊的故事寫下來，途中些為細節稍做調整，原因不外乎就是為了保護當事人，還請大家多多包容及體諒。

新銳旅遊作家

經歷 EXPERIENCE

◆ 2017 年
　三立電視台《青春好 7 淘》實習生

◆ 2018-2019 年
　三立電視台《愛玩客－老外之看台灣》節目企劃

◆ 2019 年
　經營 IG 美食平台－吃貨 Ca（@foodiequeengo）

◆ 2020 年
　東森戲劇《美味滿閣－圓滿桌上菜》製作群
　長空出版社《2020-21 台北食玩買終極天書》作者／攝影
　時報出版社《騙爸爸去美國》作者／攝影

◆ 2021 年
　四塊玉文創《Muying 帶路深度遊台北》作者／攝影

◆ 2022 年
　四塊玉文創《橫跨一萬七千公里，一圓作家夢》
　作者／攝影

旅伴介紹
Travel Companion Introduction

三胞胎快樂泉源

陳孟桉

　　我和作者相識於最單純美好的 18 歲，身為同一所學校的轉學生，從此我們成為了無話不談的好朋友。

　　現在，相隔兩地的我們，遇到困難時，心中會想到的快樂時光，都有慕盈的身影，不可否認她的溫暖並且樂觀開朗的性格，相信每個人和她相處，嘴角永遠都是上揚的。

　　記得有一次慕盈在旅行途中，傳來了朋友們的畫像，不止文采，藝術造詣更是不在話下，每每聽到她分享家庭趣事時，不管是玩笑或是開心，總是散發著幸福氛圍，或許，這些特質都是出自於她的家庭。

　　不管她身處何處對待每位朋友都是如此認真與用心，當時我心裡一驚，這是現今社會上多麼的難得而溫暖的一個人。

　　旅行中，我們用著最舒服的方式迎接每一天，去享受一路上的未知與樂趣，或許這就是我們心中的背包客精神，一起來看看這一段路上發生了什麼，一起欣賞一位夢想家怎麼踏上她的夢想道路，謝謝我的夢想家慕盈。

三胞胎聰明擔當

江宇翎

出發吧，一直在路上寫著屬於我們的篇章。

這次像是撰寫著一篇老友記，最真實的存在，最溫暖的彼此，最觸動的點滴。背上行囊從異地出發在異地相遇，再各奔東西。

我想，也許旅行最美好的狀態是誰也不知道下一站目的地在哪裡，好好的擁抱生活珍惜每刻。

一路流浪，一路想念，一路再分離，但我們依舊在路上；把生命裡最燦爛的記憶寫成書籍，微小的故事打動人心，巨大的夢想持續發光。

如果有一天你遇見珍貴的友誼請牢牢抓住，它不是恰好遇到你而是早已注定好的相遇。

世界很大，來到一座陌生的城，我們總會寫上幾封明信片給朋友也好給自己也好，紀錄每一刻的美好樣貌。

「期待把生活過得更像我們喜歡的樣子。」

CONTENTS

CHAPTER

01 啟程
START THE JOURNEY

是旅程的起步,夢想的開端

仨人的起點,我們的夢想藍圖
The starting point of us, our dream blueprint

跨越赤道,行走在往夢想的路上
Cross the equator, walk on the road to the dream

CHAPTER

02

旅途中
TRAVELING
有開心、有悲傷，也迎來夢碎

CHAPTER

03

夢想的「中」點，圓夢
DREAM'S "MIDDLE" POINT, DREAM COME TRUE

是完成，也是全新的開始

啟程

START THE JOURNEY

是旅程的起步，夢想的開端

01

想讓夢想成真，凡事都需跨出那一步，哪怕我們不知道下一步會踩到什麼、下個轉角會遇到什麼，總必須提起勇氣；跨出那步以後，無論是好是壞，都要感謝自己，因為你離夢想又更進一步了。

想當作家的夢想

THE STARTING POINT OF US, OUR DREAM BLUEPRINT

仁人的起點，我們的夢想藍圖

啟程：

是旅程的起步，夢想的開端

夢想，總是遙不可及，小時候我們總會有各式各樣的夢想，從小小的變大大的，接著我們會試著將它做成我們喜歡的形狀、圖案，對於什麼時候我們可以幫它上色，並不清楚，但擁有夢想是一件很重要的事情，給了自己方向，甚至在途中收穫不少，都是難得可貴的。

　　你們有沒有一個，大家都不相信你、看不起你的經驗？曾經我覺得這個社會就是一個毒瘤；我們將人分為好幾個階級，有錢人、富二代、小康、平庸、貧窮，將人按照聰明程度來分階級，量子力學的天才、有知識的學者、善於解析的分析師、醫術高超的醫生、普通上班族、付出勞力的工人、強大味蕾的廚師、中規中矩的公務員。世界上有各式各樣的人，但我們總愛分出階級，將特定的階級捏出一個特定的形象，將它框住，並不再賦予它可能。

　　不得不承認的是，在亞洲，我們更將學業上的成績，列為一個人未來是否有前途的重要指標，學業不好的人，從在學期間，就被貼了標籤，好像犯了什麼大罪一樣，在你大學畢業以前，你的親友其實已經認定了你的未來不會成功，而這是一件多麼可怕的事啊！

　　「因為我視力很好所以我想要當機師。」大約在幼稚園的時候，有一次老師問了我們未來要做什麼，我馬上舉手回答。

　　「妳一定會成為機師的，因為妳視力真的很好，要好好維持唷！」當時老師是這麼跟我說的。

　　國小四年級時，老師在上綜合課的時候，問了我們未來想要做什麼，當時的我是這麼說的：「因為我很喜歡吃冰淇淋，所以我以後想要跟朋友開著冰淇淋車，到處賣冰淇淋！」

　　「這真是不錯的想法，感覺很快樂呢！如果未來開了冰淇淋車，記得要跟老師說，老師一定買好幾球冰淇淋。」四年級的老師聽完後，溫柔的對我說。

　　在國中時，每個人都要填志願表，關於未來的學校以及夢想，填完志願表後，輔導課的老師、班導會一個一個找學生過去談話。

　　「我想要當一位作家，而且我也真的在朝那個方向努力。」當時就讀國中

的我，非常喜歡看書，就連下課短短十分鐘，也都會看著書，甚至喜歡書，喜歡到在國二時自費出版三本書，只要有空閒的時間，除了看書就是寫書，我的目標很明確，我就是想當一名作家。

「那老師建議妳，可以多參加學校的作文、散文、新詩比賽，可以讓文筆更加進步！」當時的輔導老師鼓勵我。

「沒辦法……」我無奈地笑：「我們班參加校內文學比賽的人，都是老師直接挑選，成績好的前五名同學。」

「妳可以跟班導說，説妳想參加！」

「沒關係，他不會讓我參加的，我們老師只喜歡成績好的學生。」

「不會啦！老師幫妳跟班導說，妳也想參加。」

「不用不用！我真的沒關係。」我趕緊跟輔導老師說：「最近課業也很繁重，我讀書都來不及了。」

在國中的時候，我經歷一段最沒自信的時期，成績好的人會聚集在一起，他們就像我們班上的貴族，所有比賽都由他們參加，就連體育項目也是，我從小就跑得很快，在國小三、四年級的時候甚至是女生第一棒；但在國中體育項目比賽，除了本身體育好不好以外，還要看你成績好不好、跟哪位成績好的朋友是朋友，這簡直就像王朝沒有王法、上法庭法官不遵守憲法一樣，無論你籃球、排球打得再好，只要你成績不好，跟他們不是朋友，就算被選為正式代表班上比賽的隊伍、每天放學都一起練習，在正式上場比賽前十分鐘，你還是會隨時被換下來，換成一個可能排球連發球都發不過網的孩子。我就是這樣的，我和我的朋友在每場比賽，都是正式上場比賽的選手，但在上場比賽前的最後一刻，我們總會被成績好的另外兩位同學取代。

「所以，妳想當作家？」國中班導在和我一對一談話的時候問我。

「是的，因為我發現所有科目裡，就屬國文最好，而且每次作文都拿得挺

高分，再加上我真的很喜歡寫書，也很愛看書。」

班導看著我，倒吸了一口氣：「如果，妳書都讀不好，那怎麼可能成為作家？先專注於眼前的學業，不要再浪費時間，做妳不可能做到的事，妳要知道，上了高中以後，每個人就會被貼上標籤，妳是蘋果就是蘋果，妳是鳳梨就是鳳梨，無論妳怎麼想撕掉身上的標籤，都是沒有辦法的。」

在那段壓力很大的時期，能有一個夢想是件好事，因為這讓我感覺活著，好像有天我會得到救贖一樣，所以無論身邊的人怎麼說，我都還是努力、堅持著，因為我相信只要夠努力，有一天一定會成功。

然而，就像灰姑娘掉了玻璃鞋，期盼王子會找到她，卻被壞姊姊得逞一樣……不！我是說，就當以為所有童話故事都會走向幸福美滿的結局時，妳總會在轉角處看到一個牌子，上面寫著「哈囉！這裡是殘酷的現實世界！」一樣。

我的名字叫李慕盈，接下來我要告訴你們，在我身上發生的真實故事，我就跟很多人一樣，從小就認為自己是一個瑕疵品，也被許多人看不起，正因如此，所以我在自己身上裝了盔甲，可能偷偷塞了耳塞，手上拿著一把還需待磨，卻勉強可以用的劍，我努力讓自己像個戰士一樣，勇敢地迎接各種挑戰……至少後來是這樣啦！

「我不想當作家了。」國三畢業前，基測成績公布了，我得知將和朋友們各自上不同高中，在基測成績出爐前，我將這段期間寫得 30 萬字小說拿去投稿，並在歷經三個月的審核時期後，於第三階段被刷了下來。

「也許，我從一開始就不該作夢。」當時我是這麼想的。

「出版社怎麼說？」某天我和雙胞胎弟弟準備出門，弟弟忍不住問我。

「他們說 18 歲以下都需要法定代理人同意，也說如果真的和我簽約很麻煩，因為我還沒國中畢業，好像 15 歲以前不能有工作吧！我投稿的時候只有 14 歲……雖然快 15 歲，但還沒。」

「這可以通融吧？填一填資料申請就好？」

「也可能是另一個人很優秀吧？都進入第三階段了，出版社肯定選擇跟自己好配合的作家，我那30萬字白打了，只要投稿進入後面階段，就不能再投其他出版社了……」果然我還是那塊朽木，孔子說對了，朽木不可雕也，我這種人要實現夢想，直接投胎比較快。

於是，在國三畢業時，我放棄了當作家這個夢想，應該說我不敢再像之前那樣表現出來了。

高中，是一段跟國中截然不同的經歷，我在高中的三年時間裡，慢慢地建立起自信，因為遇到一位對我很好的國文老師。

在上高中的第一天，國文老師就問了大家：「這個班裡，有人基測作文六級分、滿分的嗎？舉手一下，讓老師看一下。」當時，我毫不猶豫的舉手，因為在國中時，至少會有五個人跟我一起舉手。

我讀的國中，班上有36人；有7個人上第一志願、18個人上公立高中，也就是說班上只有11人上私立高中、高職，而我就是其中一個。

「天啊！沒想到我們班上有這麼優秀的學生！」對於國文老師直接走到我面前，我一時沒搞清楚狀況，直到我看了班上其他同學，才發現我是唯一舉手的人：「妳願意當我的國文小老師嗎？」國文老師看著我說。

這是第一次有老師這麼問我、誇讚我，當時我內心是溫暖、感動的，而我也沒想到我一個點頭，就讓我足足當了三年的國文小老師。

在高中三年裡，我參加了二十五次的文學比賽，每個項目都參加過，每次參加都會得名，並當了兩年的校刊社社長，那是我人生最有自信的時候了，這是我在國中時，想都沒想過的，我也以為這樣的好事，只能是下輩子發生的事。

「妳在幹嘛？抓飛機？」

就跟一般女孩子一樣，我在高中時，瞞著父母談了一場算是**轟轟烈烈**的戀愛。

「對呀！聽說抓飛機吃進嘴巴，願望就會達成。」那時的我才剛減肥成功，從五年級開始，我就一直圓圓胖胖的，一直到高二才瘦下來。

「那妳的願望實現了嗎？」當時的男友問我。

「還沒，要抓一百個飛機才會實現願望。」

「怎麼那麼幼稚！那妳許什麼願望？減肥成功嗎？」很顯然高中男孩並不懂得浪漫。

「對啊！還沒抓到一百個就成功了，現在要換別的願望。」其實我許的願望一直都是……我要當作家，但不知道為什麼，我卻再也不敢說出來了。

高中畢業是件大事，因為對於大學要讀什麼，是人生的重要課題，在高中重新建立起自信的我，一直都是班上的前五名，但要上國立大學，總還是差了那麼一點點。

「我想要讀中文系。」因為我想當作家，我在心裡默默地說。

「我倒覺得妳可以專攻其他專長，這樣也許會有更多出路跟可能。」不僅是高中老師，就連我父母都這麼跟我說。

「還是妳要跟我一起讀產品與媒體設計？」當時的男友問了我。

「好呀！這是不錯的想法，那我也報那個系所好了。」最後我在填志願的時候，沒有一個科系是填中文系，我填了關於設計的各種系所，最後和當時的男友考上同一間大學、同個系所。

戀愛就跟夢想一樣，是不一定能修好的學分。

在上了大學以後，我和當時的男友每天都膩在一起，上課坐一起、下課一起出去玩，可以說他給了我很多的快樂，給足了我對男女朋友的想像，也

豐富了我的生活，不過對於當時還年輕的我們來說，兩個人整天黏一起，並不是件好事，於是最後我們分開了，甚至我還轉學回台北，從產品與媒體設計系，改為廣告系。

. . . .

轉回台北後，那段日子對我來說特別空虛，就像失去自己人生方向一樣，我拚命質疑自己，是不是做了衝動、錯誤的決定。轉學前我甚至已經和宇翎，也就是我在大一時最好的朋友之一，在學校附近租了房子，甚至家具都買好了，對於我突然轉學，她是這麼說的：「兩個最好朋友突然轉學……妳們知道接到消息的那一刻，我人在蒙古，幫剛種的小樹澆水嗎？那時候我的眼淚差點都要流下來了，越澆越苦澀。」

宇翎口中的兩個最好朋友，一個是我、另一個是孟桉；我和孟桉不僅同時轉學，還不小心都轉到同間大學，當時的我們並沒有很熟，是轉去新的大學才開始熟識的，沒想到就此一拍即合，甚至我們三個人好到假日常常黏在一起，我和孟桉也很常去以前的大學找宇翎，而最酷的巧合，就是我們三個都是射手座，甚至宇翎和孟桉還是同年同月同日生，也因為我們臉都圓滾滾的，被別人稱為三胞胎。

在宇翎、孟桉分別去中國當交換學生時，在大三那年，我也開始忙著準備履歷並去實習，當時好幾間大學的學生同時在找實習公司，競爭十分激烈，而我很幸運地報了三間不同領域的公司，且同時錄取。

「三間分別是行銷、廣告、電視傳播，到底該選哪間好？」我問了從小好到大的幾個朋友，包含宇翎、孟桉，每個人回答都不一樣。

「青春好7淘，感覺會很好玩，畢竟是旅遊節目，肯定會很有趣的吧？」在考慮好幾天後，最後我決定前往三立電視台實習。

對於電視台總是會有憧憬，很好奇一個節目到底要如何製作，也很佩服那些工作人員，更重要的是偶爾還可以看到明星，或許也會認識很厲害的編劇。

而且在填寫三立電視台實習志願表時，我填的第一志願就是旅遊節目《青春好7淘》，因此錄取能去裡面實習，對我來說是非常好的機會。

　　在電視台實習的這段期間裡，不僅教了許多朋友，還學習到了不少關於電視台工作的秘辛，也遇過不少明星；甚至各個節目的記者會，也都會邀請實習生在旁邊旁聽，而所有實習生最期待的就是可以製作一次節目，包含找題材、設計好路線、與店家溝通、寫節目腳本。

　　對於大學畢業後要做什麼，原本是迷惘的，但在大三實習過後，我決定要去電視台闖一闖，在這過程中，原先已放棄要當作家了，沒想到進入電視台工作後卻成了轉機。

| 1 | 2 |
| 3 | 4 |

❶ 第一次出外景與阿榮哥。　❷ 與《愛玩客 - 老外看台灣》團隊合照。
❸ 與《青春好7淘》團隊合照。　❹ 與吳鳳、艾美、撒基努、小玉姐、攝影大哥們的合照。

02

起、承、轉、合，人們總是想要自己安排人生的停頓點、轉折點、起跑點，但實際上卻是誤打誤撞，每當做一個決定，就會意外開啟不同的路，當走後回頭看，才發現當時做的決定，已經是一個轉折點。

踏上腳步實踐它

THE STARTING POINT OF US, OUR DREAM BLUEPRINT
任人的起點，我們的夢想藍圖

啟程：

是旅程的起步，夢想的開端

「所以我就加入週四愛玩客，當節目企劃了！」我的父母總是很頭痛，在各方面都是，尤其自己的女兒總是在做了決定後，才跟他們報告。

是的，是報告而不是討論。

就跟國中寫好書跟爸媽說要自費出版，高中跑去好多地方打工，離職後爸媽才知道；還有大學轉學，填好表後才知會一樣。我的父母，總是非常辛苦，因為有個投球只投變化球的女兒。

進入週四愛玩客，也就是《愛玩客－老外看台灣》當企劃，是我人生中的第一份正職工作，對於這份工作，我在報到前就躍躍欲試，我很期待正式上班的那天。

在正式進入職場前，早在大三時，就在三立電視台《青春好7淘》實習了，當時的製作人湘姐特別照顧我，還有導演古小妹、強尼哥、星哥，以及後來入職後，還是很照顧我的前輩資深企劃狗狗、文羚，當時還和一起實習的朋友們共患難、互相扶持，不知不覺中愛上在電視台這種水深火熱、忙碌卻很有成就感的工作，就算再怎麼辛苦，還是非常喜歡、珍惜。

「電視台很辛苦！」我身邊好多人勸說。

「沒關係，我不怕苦，我這麼年輕，現在不先苦一下，什麼時候才要苦？」我回答。

「妳從來都沒有說過妳要走電視台啊？」連同身邊的親友也很困惑。

「對呀！我是沒想過，但不做做看怎麼知道呢？」其實我心理的作家夢一直沒有被澆熄，但進入電視台後，能夠寫節目腳本、旁白，甚至還能學到不少其他的東西，對於我來說是一個磨練自己的機會。

「就去吧！」我媽說：「不試試看怎麼知道自己想要做什麼？媽媽以前也是這樣的！」在所有反對聲浪中，媽媽總是第一個支持我的人。

「妳讓我覺得很驕傲。」接著我爸爸、姐姐、弟弟也都這麼對我說。

於是，在獲得所有家人支持，及每位身邊朋友的反對後，我進入電視台工作。

每一天我都很忙碌，尤其外景前一週，每個行程、題材、店家都要確定，偶爾也需要自己去勘景、採買道具，就連攝影師也有好幾位，光是確定出外景的人員保險，還有大家可以配合的時間，就要花一番功夫，更何況我還是最年輕的企劃，想跟大家處得好，並被信任是一大課題。

　　在遇到店家刁難時，必須不動聲色的處理好，讓店家知道我們是專業的，可以完全放心的將事情交給我們；在遇到來賓突然不能上節目時，可以快速地找到新的來賓，不造成主持人、節目組的困擾；在遇到天氣上的變動、行程不得不中斷的情況下，能夠馬上有第二、三方案。

　　慢慢的，我漸漸進步，大家對我的態度也越來越好，我漸漸的發現，其實每個人都只是戴上假面具，他們表面看起來很嚴肅、嚴格，總是吹毛求疵，好像永遠滿足不了他們，但實際上卻是幫助你進步，當看到你快倒下的時候，他們會做好隨時做好接住你的準備，這就是團隊。

　　最後，我和大家打成一片，不再只是工作上的關心，而是像一家人的感覺，無論是藝人、製作人、導演、攝影師，甚至是其他企劃，大家感情都很好；我也跟著節目去了好多地方，甚至去了澎湖。

　　「一個節目最重要的是什麼？」一位即將離職，卻還在關心我過得好不好的導演阿榮哥問了我這個問題。

　　「是節目的節奏嗎？」我回答。

　　「是一位厲害的節目企劃。」他笑著對我說。

　　「那完蛋了，難道我是終結愛玩客的老鼠屎？」我慌張地看著他：「我最近有越來越進步，但總覺得還是有很多的不足。」

　　「不，我其實是想要誇獎妳，我覺得妳找的題材很不錯，非常有年輕人的想法，事實上有些題材甚至很特別，其實妳很有天分……」正當我嘴角上揚、

屁股要翹起來的時候，阿榮哥接著說：「不過在腳本上，如果開場能更浮誇一點，讓人想像不到會更好，算是美中不足啦！」

「好的，謝謝導演！」

其實就跟攝助需要好的攝影師帶一樣，企劃也需要好的導演來帶，毫無疑問的，我從這位導演身上學到不少事情，包含怎麼讓腳本更有趣。

也因為阿榮哥說的話，讓我建立起自信，同時發現每位節目企劃都有不同的優點，像是我，我比較擅長的是找題材方面；而一個題材的有趣度，會影響整個節目的節奏，更何況每個節目適合的題材不同。

「如果我能出一本旅遊書就好了！一本有很多私藏景點、特色美食的旅遊書，取名叫旅遊節目企劃來帶路之類的，好像挺不錯的？」有次在跟朋友聚會的時候，我隨口說了這句話。

沒想到一時說出的玩笑話，卻就此卡在我心裡揮之不去，隨著天數一天一天的過去，這樣的想法更加強烈。

既然我想要當作家，那為何不先從旅遊作家開始？

何況我跟著《愛玩客－老外看台灣》團隊，去了那麼多的地方，如果我能整理出我覺得有特色的美食、景點，我想大家一定會感興趣的……最後我做了一個決定，我想要擁有自己的作品，同時繼續完成當作家的夢想。

重新決定當作家後，首先要做的就是開始行動，如果連開始都沒有開始，那終究只是個夢想，於是我除了默默地建立起自己的 Instagram 美食平台，還偷偷準備了投稿給出版社的自薦履歷，也選擇在某天辦公室很少人的時候，跑去和電視台製作人請辭，正確來說其實只是坐直、滑個椅子去找陳製作人而已，我的位置其實就在他的旁邊。

「妳要離職？而且是去當作家？」我提離職的時候，陳製作人，也就是邊哥，他簡直嚇傻，與其說是不知道該說什麼，更不如說，他從眼神告訴我，他完全不相信我是因為要當作家，所以提離職。

「妳是確定了，還是只是想當？是已經開始進行，還是妳才正要開始準備？」我還沒想到更好的說法，邊哥就問了致命的問題，也因為陳製作人的驚呼聲，引來旁邊導演的注意。

「我家人那邊有認識的出版社可以介紹給我！說可以去美國拍公路旅行之類的，能和另一位新人作家合作，所以我想試試看，我一直都想當作家！」其實我家人沒有認識的出版社，是我前幾天看到有出版社在徵選旅遊作家，才靈機一動想了這個說詞，雖然當時我看到徵選已經決定要報名，但報名截止日期已經過了。

我那時沒有很大的自信，也覺得節目團隊裡的大家，知道我想自己出去闖闖會笑我不自量力，所以才統一有這個說詞；在驚慌下，我向邊哥和剛聽到驚呼聲默默靠近的巫導演，說了善意的謊言。

其實整件事很單純的，但因為自己臉皮太薄又沒自信，所以在慌張下說了謊。

「既然妳已經決定了，我們會支持妳的，有夢想是一件好事，這又不是什麼見不得人的離職，沒什麼好不好意思的，而且妳還有家人幫忙介紹，真的很幸運，如果我是妳，我也會想把握這個機會。」默默在一旁聽的巫導演，也就是少強哥對我點了點頭表示贊同。

「對啊！而且妳會等到我們找到新的節目企劃才離職對吧？那就沒問題了！」邊哥雖贊成我離職，但在回答中偷偷將找到新企劃才可以離職的需求，放在回覆中，默默地還用眼神告訴我，他不相信我是為了當作家離職。

「你不要不相信我啦！你的表情太明顯了！」我開玩笑的對邊哥說。

「蛤？沒有啊？我相信妳，我怎會不相信妳，妳不要讓我在其他節目工作人員名單中看到妳的名字喔！」陳製作人邊哥開玩笑的回答。

就這樣，我順利的在大家的祝福下離職了，甚至在離職前與我搭檔的導演小玉姐，於最後一趟外景中，拍了不少好照片，留下美好回憶。還記得當時小玉姐在我實習期間是另一組《寶島神很大》的導演，那時候我超怕她的，

記憶中她非常兇，所以在進入《愛玩客－老外看台灣》當企劃，得知她要轉來我們這組，並擔任搭檔導演時，我嚇得要死，好在後來發現她其實是一位義氣相挺、直率的前輩，在後來我們也一直維持朋友關係，現在不時還會約出來相聚呢！

接著在離職後的一週，我立刻進入全力衝刺的準備，不僅在一週內發了將近二十幾篇的美食貼文，更寄出了我的自薦履歷，裡面除了提到在《愛玩客》節目企劃的經歷，更試寫、編排了十幾篇的美食文，以及我對旅遊書編排的想法。

雖然在國中升高中時，已經失去過一次當作家的機會，在失敗的同時，也澆熄了我所有希望、動力、追尋夢想的勇氣；但在這過程裡，我相信我還是進步不少的，包含高中參加很多文學獎項比賽，或是大學畢業後，進入電視台當節目企劃，寫了不少節目腳本、旁白，並找了無數題材，不敢說進步的幅度有多少，但我自認我一直都很努力，而這一次，我不會再因為失敗而有所退縮，我一定要完成夢想。

我一定要當上作家。

「所以，最近怎麼樣？」離職後的每兩天，我爸看到我就問一次。

「就那樣……」投稿就是這樣，很多出版社一個月後才會回覆，在這中間能做的只有等待，也有很多人在投稿時，就已經失去所有的信心，更別提我國中升高中的那年暑假等了將近三個月，進入最後階段還是被刷下的往事。

「那現在是要找新的工作嗎？」我爸對於等待的耐心值是零。

「還沒啦！你好煩！」我的零耐心值可能遺傳我爸。

「怎麼啦！出版社回覆了沒？他們說什麼？」相較我爸，我媽是比較相信我會成功的。

「就還沒有回覆，我才剛寄一個禮拜而已。」

「那就趕快再寄別間出版社！」

「不行，這個出版社很忌諱的，我會看著辦。」

「好吧！怎麼都還沒有回覆呀！」我媽充滿無奈……好吧！可能我的高耐心度是遺傳我媽。

大約等了兩個禮拜，終於有間香港出版社回信了，信上是這麼寫的：

「您好，很開心收到您的來信，這邊是〇〇〇出版社，我是總編曾〇〇，對於收到您的作品及自薦，我們除了感到欣喜也十分榮幸，正巧長期與我們合作的駐台旅遊作家，近期即將退休解約，經我們長時間討論，誠摯邀請您與我們簽約，不知您是否方便與我們碰面，討論詳細細節？請問作家您現在是在台灣嗎？若方便請直接加微信與我聯繫，我的 ID 是……」

看到信後，我立刻回信：

「您好，真不知該如何形容我收到這封信的心情，非常感謝您們給予我機會，雖然我現在住在台灣，但隨時可以飛往香港與您們碰面、討論相關簽約細節，很期待能與您們合作，非常非常的感謝！我已經有加總編微信，並傳貼圖囉！再麻煩總編加好友了，謝謝您！」

之後我將這個好消息跟家人說，每個人都很開心，甚至爸爸還說要帶全家去吃大餐慶祝這件事。

從小跟我一起長大的朋友們，看到我就會很興奮地提起這件事，大家都很祝福我，希望我能一切順利。

說走就走跟從自己的心，能遇到和自己志同道合、說走就走的朋友，是這輩子最大的福氣；因為感情若不夠好，再怎麼有空，是不可能說走就走的。

三胞胎的說走就走

CROSS THE EQUATOR,
WALK ON THE ROAD TO THE DREAM

跨越赤道，行走在往夢想的路上

啟程：

是旅程的起步，夢想的開端

某天，我和宇翎、孟桉約出來吃飯，吃到一半孟桉突然興奮地放下筷子。

「嘿！我們三胞胎是不是該一起去旅行了，說好的畢業旅行整整晚了一年還沒有去耶！」

「我們什麼時候要去呀？」我問了問孟桉。

「欸！李慕盈妳不要問，她只是說說而已！」宇翎將筷子放回孟桉手裡，看著孟桉吐了舌頭，做了個鬼臉。

「別這樣說嘛！我來好好安排安排。」

「然後就沒有下文了，好了大家吃飯！」宇翎說完後，逗趣地看著孟桉接下來的反應。

「齁！我最近就安排好路線給妳們看！」孟桉假裝生氣，拿起手機就開始看起住宿，連國家、地區都沒有輸入。就這樣我們討論起我們的畢業旅行，應該說再次討論起我們的畢業旅行，我們從畢業的那天開始就討論好幾個旅遊景點了，馬尼拉、大阪、沙巴……

等待出版社消息的這段日子真的很漫長，一天如一年般的長久，收到信後的一個禮拜，香港出版社的曾總編，也就是曾哥，才和我聯繫約見面時間，並將我加入出版社群組，裡面還有其他的編輯。

「這樣好了，我們每兩年到三年間會有一次國外員工旅遊，今年剛好出版社創立二十二年，約了各國和我們合作的旅遊作家，一起背包客旅遊，妳知道什麼是背包客嗎？」

「當然知道！那曾哥，您們今年打算去哪旅遊呢？」

「我們這次是歐洲自由行，會從挪威開始，玩遍北歐後一路往南，我們沒有一定的行程，往年也都是到定點後大家各自散開去旅遊，晚上再一起吃飯、聊天，如果有特別好玩的行程，我們也都會問作家們要不要一起去體驗，總之很好玩的，邀請妳一起跟我們去旅行，順便簽約、認識其他作家，跟大家多多交流。」在經過多次討論後，曾哥決定邀我一起去員工旅遊，在這趟旅行中除了簽約，還能認識很多其他國家的作家。

「天啊！真的嗎？這是我的榮幸！」

「這是我們的榮幸才對，時間大約在一週後，有點趕……或許慕盈妳可以直接在某個國家和我們碰面，我們再給彼此旅店住址！」

「好的，我也要跟我家人商量一下，看什麼時候可以出發和您們會合，我們保持聯絡！」

在和曾哥聯絡完後，我就將這件事告訴了宇翎、孟桉，大概就是說可能要出國一趟，應該沒有錢能去畢業旅行之類的，沒想到過了一天，在凌晨時孟桉突然敲我。

「欸欸！我想到我們要去哪裡了！」孟桉興奮地說。

「哪裡哪裡？」

「我跟阿江決定去赫爾辛基！」接著她將她和宇翎各自訂好的班機傳過來。

是的，阿江就是宇翎，因為她本名叫江宇翎，我們都叫她阿江。

「妳們這是想到嗎？是決定好吧！」我在說的同時，還去確認一下赫爾辛基在哪裡，這兩個人很誇張，說要討論去哪裡，結果直接傳已經結完帳的電子機票給我。

「對呀！我 4 月 10 號到，阿江好像 4 月 11 號到，那妳呢？妳什麼時候到？這次機票整整少了一萬塊，從大阪、上海轉機會更便宜喔！」

「我大概也是 4 月 11 號到吧！大阪跟上海嗎？那我應該會從上海出發，剛好可以先陪我爸在上海幾天。」我總是不知不覺被孟桉牽著走。

「那太好了！4 月 11 號見，我們這次也是當背包客唷！我之後可以陪妳去挑背包。」於是就這樣結束了我們的對話。

與其說是被牽著走，不如說我們三胞胎都是這樣相處的，總是二話不說就說走就走，射手座的孩子好像都是這樣。

赫爾辛基真的超級耳熟，記得好像是歐洲的某一個首都……

啊！查到了是芬蘭，芬蘭剛好在北歐，如果這不是命中注定，就是宇翎、孟桉為了我特別安排的⋯⋯一定是擔心我一個人去北歐，所以想要一起陪我，順便當作是畢業旅行，想想都覺得感動。

　　接下來只需要跟曾哥講一聲，並約好集合的地點跟時間就可以了。

━━━━━━━━━━━━━━━━━━━━━━━━━━━━━━━━━

　　「所以妳們總共會有三個人嗎？歡迎歡迎！我們大概 4 月 13 號才會到芬蘭，到時候再看妳們住哪裡，應該都是住在老城區，妳們歐幣記得多帶一些，然後放在不同的地方，要小心不要被小偷偷走，不過說到治安，北歐還是比其他歐洲地區安全些⋯⋯對了，現金要多帶一點，因為歐洲還是有很多旅館只收現金的。」

　　「好的，謝謝曾哥提醒，我們很期待跟大家碰面，我還沒有去過北歐，相信一定會很好玩的！我明天會去買背包還有一些必需品！」

　　「那妳搭飛機的時候跟我說一聲，還有下飛機、抵達住宿都跟我們講一下，跟我們和家人都報個平安，然後再把妳們在芬蘭的地址傳給我們。」

　　在決定要去赫爾辛基以後，我們三胞胎都很興奮，直到要出發的前兩天我才想起來，我忘記跟我父母說這件事⋯⋯

　　應該說有大概講一下但沒說是兩天後出發⋯⋯

　　「什麼？妳在跟我開什麼玩笑？不就只是去上海找妳爸嗎？我以為妳歐洲是更久之後的事！」媽媽震驚到不行：「那錢呢？妳帶夠嗎？哪有人兩天前才在講？」

　　「其實，我之前就講這個日期，但因為要準備很多東西，想說之後再講清楚點，結果一忙就忘記了，女兒大逆不道、罪該萬死！」

　　「那妳錢帶得夠嗎？妳能去歐洲簽約認識其他作家，媽媽覺得是很好的機會，只不過在國外還是要保護自己，信用卡要帶著，包包要不離身。」

　　「好，我知道！」

「那妳衣服呢？都帶了些什麼？那邊很冷，小心不要感冒！」

「我帶了輕量型的羽絨衣還有發熱衣、發熱褲，兩件衣服、一件褲子、兩個摺疊衣架、三個襪子、一組旅行用的沐浴隨身套組、輕薄型的毛巾，還有洗衣服用的肥皂，加起來大概六公斤吧！」這對有選擇障礙的我來說，真是一大難題，要當背包客真是不容易！

「妳帶的太少了！要去一個月，怎麼帶那麼少？」媽媽擔心地說。

「我們都用包包裝，帶太多會太重啦！」

「六公斤要一直背著喔？妳們住宿會一直換地方嗎？要一直拿著還是可以放飯店？」

「我們應該會一直換住宿的地方，大家都很隨意，沒有限定說一個國家待幾天，所以我也不知道總共會去幾個國家。」

一直以來，跟宇翎、孟桉出去都是這樣的，我們不會把行程卡的死死的，總是今天過完，到了明天，才在想要去哪裡，是她們讓我拋開行程表、丟掉地圖，用心去旅行，出版社也是如此，所以這次的旅程也格外特別。

「每天晚上記得都要傳訊息報平安，如果有任何狀況都要跟我們說，知道嗎？」媽媽千交代萬交代，就是希望我能聽進去。

「好，我會記得的！」我將所有要帶的東西都檢查一遍，接著向媽媽保證。

「女兒等一下！」正當我要下樓拿內衣、內褲時，媽媽攔截了我：「這裡有一千元美金，必要時可以拿來用，一切要小心，錢不夠用就刷卡。」我想媽媽的意思是不要亂花錢，但如果真的有急事、困難，這些可以當救命錢。

這實在太令人感動了，我拚死拚活的準備了八百塊歐幣，還把每天只能花多少錢都規劃出來，好在北歐其實物價沒有像法國、義大利貴，之後往南走遇到的波羅三小國，更是歐洲有名開銷較低的國家，雖說如此八百塊歐幣過一個月還是挺困難的，光是住宿費就不知道要多少了。

果然無論到什麼年紀，家人都會是最大的靠山。

啟程是一個開始，在出發前誰也不知道會發生什麼事，無論收穫滿滿或失望而歸，沒有啟程就沒有開始。

從大阪、上海、緬甸啟程

CROSS THE EQUATOR,
WALK ON THE ROAD TO THE DREAM
跨越赤道，行走在往夢想的路上

啟程：
是旅程的起步，夢想的開端

時間過得飛快，轉眼間兩天就過去了，而我也抵達虹橋國際機場，也就是爸爸工作的地方，繁華又熱鬧的上海。

　　宇翎則是前往大阪轉機，孟桉則從緬甸回到台灣再去大阪，之後才會飛去芬蘭，簡單來說就是從赤道的一邊跨越到另一邊。

　　三個人不同起點，最終相約在赫爾辛基。

　　到了上海後，我熟練地走出機場，和一群外國人一起排隊等計程車，一上車就跟師傅說爸爸在上海的新家地址。

　　也在一下車的同時，就看到爸爸在門口迎接：「等妳等了好久，路上有塞車嗎？」

　　「塞車倒是還好，倒是我到上海才想到會用到人民幣，在機場才換錢。」我不好意思地摸摸頭。

　　「怎麼這麼糊塗！」爸爸笑著說，爸爸平常都一個人在上海工作，只要我們來陪他，他都會特別開心。

　　這次來上海只有短短兩天半，接著就要飛去芬蘭了，也因此爸爸將行程排得滿滿的，帶我去吃我最愛的日本料理吃到飽，再帶我去我每次來上海一定會去逛的衣服店，接著在第二天晚上，約了從小就跟我們就很親的表哥一起去維記茶餐廳吃晚餐，表哥因為工作的關係也在上海。

　　「所以妳是因為要去簽約，才去歐洲旅行？」我跟表哥感情很好，每次我和我弟弟到上海的時候，我們都會找他。

　　「對呀！有點害羞，因為跟大家都不認識。」我略尷尬地說。

　　「不會啊！妳這樣很棒欸！好羨慕我也很想去，但沒辦法……」表哥哭笑不得地說。

　　「之後再一起出國啊！等你可以哈哈哈哈！」

　　「好啊！再帶小虎跟 Bobo 還有 Andrew ！但應該是幾年後了。」表哥再度露出無奈的表情，每當這時我就會覺得很好笑。

感覺才剛來上海沒多久，就要離開了。

搭上凌晨飛往赫爾辛基的班機，我趁有網路的時候，拚命查過海關要講哪些英文，這已經是我每次出國必做的事了。

「這什麼啊？真的是這樣講嗎？」我在翻譯軟體上打說我是背包客，跟朋友約從芬蘭一路往下到波羅三小國，我在芬蘭只待兩天。

「I am a backpacker， and I have an appointment with my friends from Finland all the way down to the three small countries of Baltic. I only stayed in Finland for two days.」怎麼看都覺得很奇怪，不過活馬當死馬醫，只要能講出大概意思就好……應該吧。

因為是便宜的機票，所以除了在上海轉機，還會到伊斯坦堡轉機，原本還想說逛一下機場，但因為到達時沒有任何店家有開，所以我只好無聊的到處走走，雖然是轉機，但畢竟是在土耳其！

就算是廁所也是特別的！至少我在看到別人的大便前是這麼想的。

土耳其是我一直很想去的地方，除了我的藝人朋友吳鳳，本身是土耳其人以外，我也認識許多來自土耳其的朋友，聽說土耳其真的非常漂亮，希望這次旅行也能有機會逛逛這裡，如果沒辦法也沒關係，我下次一定要來。

在轉機途中陸陸續續收到宇翎、孟桉的消息，換算成赫爾辛基的時間，孟桉在昨天也就是 4 月 10 號就到了，阿江則是比我晚一小時到，但神奇的是她居然剛剛傳訊息說她已經到了，也就是提早六小時到，這實在太詭異了，她原本應該是 4 月 11 號中午 12 點才對。

「現在不是才 4 月 11 號早上 6 點嗎？」孟桉忍不住問了宇翎。

「對呀！好奇怪……」

「妳確定妳是到芬蘭不是波蘭嗎？」孟桉充滿疑惑。

「就非常順利的就到了。」宇翎一副也很困擾的樣子。

「那妳先走好了，我再去找妳們，妳先跟呆竹會合。」孟桉原本的名字叫映竹，但因為她天生呆呆傻傻的，所以大家都叫她呆竹，自從她改名叫孟桉後，我們都很努力的不叫她呆竹，叫她桉桉之類的，但實在太難改了，所以除了偶爾不小心又叫呆竹外，就會叫孟桉。

「好啊！那呆竹我先去找妳，妳在哪裡啊？」接著宇翎就跟孟桉開始一來一往的討論。

我則默默的將在上海起飛前就已經查好的破英文翻譯，傳給了孟桉和宇翎：「嗨兩位！插播一下，我有一個很大的問題，那就是妳們入境時，海關有問妳們問題嗎？我還特地查了這個，想說被問的時候可以講一下。」

「哈哈哈哈哈哈哈！妳這樣也太可愛，傻不隆咚不虧是李慕盈欸！」在不到十秒的時間，宇翎馬上回覆。

「我有被問欸！海關問了我所有的行程，然後看了看我帶多少錢，我就說我大概一個月後從布達佩斯回來，我也不知道我講了什麼，反正我就是亂講，然後海關好像也聽不懂我說什麼……海關應該是想說聽不懂就算了，放棄溝通，接著讓我快樂離去。」孟桉充滿誠意的回答。

「我也有被問，就大概說去了哪些國家，行程哪些之類的，很快就通過了。」宇翎在笑完我了以後，也很老實地回答了我的問題。

「什麼？整個行程都要講出來喔？我的天啊！我再想想該怎麼辦……」

「不用跟他說太多，他會問妳說妳是不是一個人來，妳就說妳有兩個朋友在芬蘭，然後他問妳去哪裡，妳就說三小國就好！」

「啊！對了，我跟妳們說一件很傷心的事！」接著我的腦袋又斷線了，不小心跳了話題：「我的腳好像因為我太肥所以腫了，上次買的新球鞋，我穿來這結果好緊啊……」

「哈哈哈哈笨死了！」宇翎毫不留情狂笑。

「然後我在上海背著我的背包，一邊走一邊吃麵包，結果有種噎到的感覺，我才在想說為何會如此？我平常就邊走邊吃啊！才知道原來背著重背包走路，對我來說是核心運動，健身健走、瘦滿滿。」

「妳現在肯定很無聊，所以才講話講個不停！」宇翎無情的嘲笑。

「換我要問問題了，呆竹！芬蘭的公車會找錢嗎？」宇翎問了孟桉關於公車的問題。

「會！有一台機器要買，就剛剛李慕盈傳的那個買票連結，反正要先買車票，我剛剛直接上車，結果被司機唸了一頓，到現在我還不知道他說什麼哈哈哈哈哈！」

「好喔！我看一下！」

不知不覺一小時就過去了，轉機時間到了，我默默關上網路背起我的大包包，迅速的上飛機，直到上飛機後才想起來，忘記查行程路線的英文，雖然宇翎說其實不用這麼麻煩。

從伊斯坦堡一路轉機到赫爾辛基，我一路忐忑不安、努力思考、難以入眠，就只因思考，該如何講我的歐洲行程。

終於，真正上場的時刻了！

整個過程就像足球守門員，看到球後想擋下來，但足球毫不留情直接得分一樣。

我的海關說了一句妳很可愛，但怎麼跟照片長不一樣，接著直接拿了我的護照、蓋了章，微笑的讓我通過，一切是如此的突然、美好。

迅速到我根本反應不過來。

旅途中

TRAVELING

有開心、有悲傷，也迎來夢碎

02

記憶中的自己笑得燦爛，沒有任何包袱、約束；其實旅途中最真實、深刻的回憶，就是用錢也買不到的紀念品。

拋開物慾的
背包客

SUOMEN TASAVALTA, HELSINKI
芬蘭｜赫爾辛基

· Helsinki

旅途中：
有開心、有悲傷，也迎來夢碎

一出赫爾辛基海關，抵達芬蘭後，我打開網路看到來自孟桉的訊息。

　　「妳到了要不要直接到中央車站，我們去晃晃……欸欸！我們現在在老市場，妳直接坐火車來好了，吃好料！」傳訊息的時間是三十分鐘以前，我看了看時間。

　　「老市場是哪一站啊？我剛查了一下……好像公車比較方便，我坐公車大概一小時後到喔！妳們還會在那邊嗎？」

　　「好呀！我跟阿江會在那邊等妳！」孟桉瞬間已讀訊息並回覆。

　　過了三分鐘後宇翎也傳來訊息：「妳要回青旅嗎？先放個背包再來我們這邊？反正同一班公車！」

　　「不了不了！我懶得放背包，我直接去找妳們！」我以懶惰聞名，寧可重死也不要多花時間去放背包。

　　確定好要去哪裡以後，我迅速的找到公車站。在買票的機器前研究許久，最後遇到一位好心的芬蘭叔叔，在知道我跟他是同班公車後，就好心的幫我買了公車票，並不收我任何錢，並貼心地提醒我一個人要小心。

↑畫報中常出現的芬蘭赫爾辛基電車，造型十分可愛。

↑ 看得到藍天的赫爾辛基火車站。

看來，我英文其實還是很可以的啊！至少跟陌生人講話，對方好像還是可以聽得懂的樣子？我大概前前後後跟芬蘭叔叔道謝了三、四次，他也很害羞的對我微笑。

芬蘭人也太好了吧？因為芬蘭叔叔實在太友善，讓我對芬蘭的印象真的很好，感覺是一個很親切、友善的國家。

下公車後，我走了大約 1.1 公里的路，好不容易在一家百貨公司的二樓找到了孟桉和宇翎。

「真難得妳們會來逛百貨公司，說好的老市場見呢？」在我搭公車的這段時間，她們前前後後換了不少地方，最後傳了一家百貨公司的地址給我。

孟桉全身包得緊緊的，她的皮膚很白，穿著灰色羽絨衣，看得出來裡面至少有兩件衣服；宇翎戴著一條紫色圍巾，穿著防風外套。

看到她們的瞬間，頓時有種神奇的感覺，我們居然三個人同時在歐洲，好像來到平行時空一樣。

「因為陳孟桉老早就鎖定嚕嚕米了，我們離老市場大約十分鐘距離，再走回去就好了！」宇翎快樂地說。

「嚕嚕米是在芬蘭出生的啊！所以一定要來看看，有很多東西只有這裡才有！妳看妳看，這個真的好可愛，可愛死了怎麼辦？」孟桉一邊說一邊開心的將幾個袋子拿起來。

「妳現在買的話要背一個月喔！」我一邊提醒一邊拿起旁邊的磁鐵。

「喔天啊！誰來制止她們！」宇翎意志力十分堅強，直接跑去店外。

「我只是想買一個阿金磁鐵而已……」我自認節儉，卻有點心虛。

過了三分鐘後，我就和宇翎一起站在店外，看著孤軍奮戰的孟桉。

「啊！怎麼辦！李慕盈這個好還是那個好？」就算我站在店外，孟桉還是有辦法問我。

「都不好！」自認買一個磁鐵叫節儉，我試圖阻止孟桉。

「啊！那江宇翎這個好還那個好？」聽到我的回答，孟桉明顯表示不滿意，問著一旁皺眉的宇翎。

「都好都好！反正不叫妳買妳也會買！」宇翎呈現放棄狀態。

「蛤？不要啦！算了，妳們都不給我建議，我自己挑！」孟桉委屈巴巴的繼續挑選，我跟宇翎則是在外面，很沒良心的笑她。

最後孟桉提了一袋東西出來，大概就是郵票、明信片之類的小物件，宇翎就像媽媽一樣的檢查孟桉買了哪些東西，最後點了點頭，孟桉因為得到宇翎的認同，非常開心的就拉著我們往前走，拍胸保證要帶我去吃好料。

1 **2**　**1** 就算不寄信，也值得收藏的嚕嚕米郵票。　**2** 讓我忍不住購買的嚕嚕米磁鐵。

「就是這裡！就是這家！快點買來吃看看！」雙胞胎一左一右，宇翎在右邊、孟桉在左邊，我則是在中間被她們夾擊，我們走了十分鐘回到老市場。

「這家的燻鮭魚春捲真的超級好吃，妳快點來吃吃看！」孟桉興奮地指著一家店。

「不要指著啦！手放下手放下！」宇翎看到店員朝我們的方向看後，就將孟桉的手強制拉下。

「快點，我們趕快去買！」孟桉眼中只有燻鮭魚春捲。

「我們不是才剛剛吃嗎？」宇翎試圖阻止。

「This one, I want two Thanks.」我則走到店前，默默地用我的破英文點餐。

「妳一個人吃兩份喔？」孟桉看起來口水都快要流出來了。

「沒有呀！妳們不是還想吃嗎？所以我點一份讓妳們兩個分著吃！」

「這麼貼心！」孟桉立刻將鮭魚捲分成兩半，其中一半強制塞入宇翎嘴裡。

「陳孟桉！」宇翎來不及阻止，嘴巴就被塞了燻鮭魚春捲。

這家的燻鮭魚春捲，真的很特別，冰冰的粉條配上醋醬，第一次吃燻鮭魚配上這樣的吃法，一吃就愛上。

1 2　　1 光是鮭魚就有很多不同口味。 2 老市場鮭魚捲，像越南春捲一樣，有透明白色外皮。

接著我們走到附近街道散步，還跟牆上的壁畫拍照。

「背包重不重？」走到一半宇翎問我。

「背包還好，背久了反而覺得還好！」

「這裡要扣起來，不然肩膀會受傷。」宇翎一邊說一邊幫我扣背包的腰帶。

「我比較想問妳冷不冷？妳穿這些都什麼東西？一件外套而已！」孟桉一邊說一邊拉了拉我的衣服。

「其實，這是輕型羽絨外套，還蠻保暖的啦！」

「欸！一件輕型羽絨外套，妳知道我跟阿江都穿什麼嗎？」

「我們都穿兩件衣服、一件發熱衣跟外套，褲子裡還有發熱褲！」宇翎，也就是阿江，輕快的回答，一邊回答一邊幫我把外套拉鍊拉好。

「我想說我脂肪比較厚一點，然後覺得多帶衣服背包會很重，我只帶兩件衣服一件褲子而已，啊！我也有發熱衣跟發熱褲啦！但剛在機場忘記換上。」

「妳一定會冷死，在晚上的時候。」宇翎皺眉地說。

「對啊！我也覺得！」孟桉也附和。

一路上孟桉拿著她的底片相機拍了不少照片，偶爾偷拍我跟宇翎，試圖捕捉我們最自然的畫面，在國外尤其是歐洲，光是建築的設計都覺得是藝術，無論走進哪條巷子，都像走進一幅畫，隨處走走、用心感受，都是種享受。

「歐洲晚上都沒什麼東西的感覺，好像都很早關門！」我們隨意走走，一走就一小時，到了快傍晚的時候，孟桉看到有些店家已經關門，有些沮喪的抓了抓頭髮，一副苦惱的樣子。

「妳知道嗎？其實歐洲人好像都很晚吃晚餐，七點半算早，平均大概晚餐時間都在八點多左右，所以餐廳可能會開比較晚。」有次我去義大利旅行，聽當地導遊說的。

「所以只有餐廳會開很晚嗎？我覺得不一定耶！應該是要看地區，應該說是看老闆心情！」宇翎一邊回答一邊默默導航：「對了！我剛剛找到一家好像蠻有名，聽說很好吃的塔餅店，我們等下就把那個當晚餐，第一天早點回住宿的地方比較好，至少讓慕盈早點放下背包，她背一整個下午了哈哈！」

「對欸！妳們都沒背包包，我現在才注意到只有我一個人背著，但還好啦！我現在背包重量才六公斤，還沒多重，我很怕我回台灣時變十公斤。」

「我跟妳說一定至少八公斤！反正不可能減少重量，只會增加重量，就算妳把身上帶的沐浴乳、洗髮精用完，還是只增無減。」宇翎很有經驗地說：「況且，妳不可能什麼東西都不買！」

↑ 隨便一拍，都能捕捉如畫般的美景。

「我是磁鐵控啊！我除了買明信片跟郵票寄回台灣，我大概每個國家會買一個磁鐵，帶回家吸在冰箱上。」我們家冰箱上有一堆我從國外帶回來的磁鐵，我覺得買磁鐵不僅比其他紀念品便宜，甚至還是一個很好的紀念品，每次打開冰箱都會看到，看到後心情就會很好，雖然歐洲磁鐵換算台幣並不便宜，但至少在歐洲，已經是最便宜的紀念品了。

「到了到了！」正當我要繼續滔滔不絕，説明我到底為何要買磁鐵當紀念品時，宇翎已經帶我們抵達自由廣場公園旁 Fafa's 塔餅店的門口。

⬆ Fafa_s 塔餅招牌。

「店面比我想像的還普通，我以為很可愛！」宇翎看著門口有點小失望：「但看評價還不錯吃，妳們要吃這個還是吃別的都可以，看妳們決定，我都可以！這家是芬蘭很有名的連鎖店，好像挺便宜的。」

「我都可以耶！」孟桉隨意地説。

「不可以跟阿江説都可以，阿江會生氣喔！」雖然宇翎剛剛也説都可以，但她難得拿起了導航找餐廳；這在台灣是不可能的事情，會導航找餐廳的可能就只有我而已，她跟孟桉是那種，走到哪去到哪，肚子餓了隨便找一家餐

廳進去的那種人，雖然我其實也是，但只要一堆人一起出門，又說沒有意見的時候，我就必須不得不有主見地，找附近美食帶大家去吃，不然會造成所有人都在問要吃什麼，又不知道吃什麼的尷尬局面。

可是這次，不導航找吃美食的宇翎，居然主動查了，這麼說來剛剛的鮭魚捲，好像也是孟桉導航的，莫非她們到國外後，也會開始查詢附近有什麼美食了嗎？

也對，比起景點，我們三胞胎一定更在意哪裡有好吃的！

「都走到這了，就進去吃吧！」宇翎都導航到塔餅店了，不吃白不吃，於是我吶喊大家直接進去。

「好！」宇翎率先開門。

「可以！」孟桉接著走進去。

「啊！」正當我跟著孟桉後面走進去時，門朝我的臉重重打下，一時恍神沒發現門已經彈回來，我摸了摸鼻子，委屈地進入塔餅店。

「我現在吃不下……有點飽。」

「陳孟桉！就跟妳講剛剛吃鮭魚捲不要吃那麼多！」宇翎看起來就要火山爆發，在火山正式爆發前我趕緊問：「所以阿江妳要吃什麼？我剛剛看到這家店有很多吃素的人喜歡來吃，因為有很多種蔬菜！」

「嗯？我看看我要吃什麼好……」成功轉移宇翎注意力後，孟桉對我投以感激的眼神。

點完餐後，宇翎和我一起打量著手上的巨無霸塔餅。

「陳孟桉妳確定妳不吃？晚上會肚子餓喔！」宇翎說。

「呆竹，妳晚上會餓啦！多少吃一點！」我說。

「不用啦！妳們吃得完的，相信自己！」孟桉很快的識破我和宇翎的心思。這麼大份……最好一個人吃得完。

「妳的是什麼？我的裡面好像有山羊奶酪，還有滿滿的雞肉。」

「李慕盈妳剛剛不是還在講說，這家店很多吃素的人喜歡，有很多蔬菜嗎？怎麼還點雞肉啊！」

「因為我看到山羊奶酪有點好奇……好啦！我就喜歡吃肉……而且餐點名就叫 Fafa's chicken 看起來很親切，那妳點的是什麼？」

「Fafa's Kabab 炸豆子丸口味的塔餅，要不要吃吃看？」宇翎遞給我：「妳趕快先吃一口，妳這個有口水癖的孩子。」

大家會說我有口水癖，是因為我從小就不敢吃任何人的口水……

但我的口水癖頂多只能算是輕微吧！就是可以共吃一碗冰、同份餐點，但要有各自的湯匙、筷子，餐具不能共用這樣，有些人甚至連分食用不同餐具都無法。

「真好奇，妳跟妳男朋友會不會接吻？」一旁的孟桉在我研究如何吃炸豆子丸時，突然用帶著憂愁的眼神問我。

「李慕盈尷尬了！所以才在那邊假裝研究怎麼吃塔餅。」宇翎嘲笑。

「就還是會親啊！但就不太喜歡，所以跟我在一起很辛苦。」吃完一口炸豆子丸口味塔餅，我遞回去給宇翎：「阿江，妳點的炸豆子丸好沙沙的喔！」

「什麼很沙沙的？」宇翎困惑。

「就沙沙的啊！跟紅豆、綠豆一樣沙沙的。」我最討厭吃沙沙的東西了。

「對啊，豆子跟紅豆和綠豆一樣都是豆，所以會沙沙的。」孟桉附和。

「妳們幹嘛自己新創詞！但我好像知道妳們在說什麼……」

在吃完塔餅後，一打開店門，風直接狠狠地往我臉上吹。

「天啊！」我驚呼。

「不可以說冷，自己穿太少就不能說冷！」宇翎嚴厲地說：「看妳之後還敢不敢不穿發熱衣。」

「……」我委屈地看向天空。

「冷死妳！」孟桉說：「快點，我們趕快走，趕快回住宿的地方。」

在最快的速度下，我們搭上了公車，抵達我們在赫爾辛基的第一間背包客旅館，在下公車回到旅館的途中，我還買了一袋小橘子，想說可以當明天的早餐。

⬆ 慕盈和宇翎的合照。

睜開眼後，依舊不知道下秒會發生什麼變化；既然無法讓地球停止轉動、時間倒流、預知未來，那不如放開緊握的雙手，隨時準備未知的每天。

未知
的每一天

SUOMEN TASAVALTA, HELSINKI
芬蘭｜赫爾辛基

· Helsinki

旅途中：

有開心、有悲傷，也迎來夢碎

隔天早上九點多，宇翎一早精神就很好：「把地圖丟了吧！也把鬧鐘關掉，我們來一場真正的冒險。」宇翎熱情的一手抓著我和孟桉，準備朝著未知的未來前進！正當我們要搭電梯下樓時，剛好電梯門開了。

「慕盈嗎？哈哈哈哈哈哈哈！」站在電梯正中央的男子開口詢問的同時，大笑了幾聲。

今天溫度只有負四度，眼前這位中年男子卻一早戴著太陽眼鏡，並穿著厚重白色羽絨衣搭配腳上的涼鞋，他一邊笑一邊走出電梯。

「是曾哥嗎？」在香港出版社的群組裡，曾哥的照片是一隻哈士奇，所以我一時不確定是不是他，但在芬蘭遇到認識的人機率實在太低了，所以怎麼想都覺得可能是曾哥，雖然他明明說過他明天才會抵達芬蘭。

「對！是我！妳們一早要去哪裡？妳們等一下……因為現在還不能辦理入住，我們想問這間旅館可不可以讓我們借放行李。」曾哥將太陽眼鏡拿掉，並領著一群人去櫃檯找管家，一邊找管家一邊請我們等他一下，講話的聲音大到屋子裡的其他背包客都看向他。

「我們先去沙發那邊等他好了，不然擋在電梯門口也怪怪的。」宇翎抓著我和孟桉退到一旁。

「妳們真的長得蠻像的！確定沒有血緣關係嗎？」曾哥的聲音很大聲，看得出宇翎、孟桉臉上有非常尷尬，但又不失禮貌的微笑。

「慕盈因為跟我聯絡一段時間了，所以我還能從頭貼中分辨的出來，但妳們三個神韻都挺像的，雖然看過照片，但我一時分不清楚剩下的兩位誰是誰，哈哈哈哈哈哈！」曾哥不僅聲音很大，聽起來較粗一些，就連笑聲都很戲劇化。

「很多人都說我們長得很像！」宇翎禮貌的自我介紹：「曾哥好，我是江宇翎叫我阿江就可以了，就是比較黑的那一個！然後後面這位皮膚比較白的是孟桉，雖然我們長得像又同年同月同日生，但我們真的不是雙胞胎。」宇翎一邊介紹一邊把站在後頭的孟桉拉到前面。

「妳們還同年同月同日生啊？」曾哥驚訝地說：「那妳們兩個誰比較大？哈！太神奇了！乾脆拜把子好了！」

「我比較大，我出生時間比較早……我是孟桉！」孟桉略帶害羞地說。

「好名字！孟是孟子的孟是不？那就請阿江、孟桉多多指教了，當然還有慕盈！」曾哥伸出手向我們握手。

緊接著曾哥開始說明：「這次旅行總共有二十四人，包含出版社的十六位員工，還有八位旅遊作家，其中新加坡、日本、四川、北京、台灣作家會說中文，另外還有來自泰國、韓國、越南作家，他們英文都不錯，我應該沒有遺漏人吧？哈哈哈哈哈哈！」看到後頭的人點了點頭，曾哥繼續說下去：「重點是，我們目前總共只有六人，每天都會有變動，不限制大家去哪裡，跟誰組隊，總之就是自由旅行；像是我們今天抵達芬蘭的有十二人，其中六個人直接往芬蘭北邊走，而目前我們只剩六位會住在這間背包客旅館，另外還有八個人在瑞典，四個人明天會從挪威直接前往芬蘭跟我們碰面，其中一個是下個月要退休的台灣旅遊作家！總之人很多就是了，我們不會限制大家要去哪裡，但通常一起行動的人，晚上都會相約去吃個晚餐或喝喝酒，看要整天行程走在在一起，還是分開後再相聚，都無所謂啦！」

曾哥正準備要繼續說下去的時候，被一位較高大的男子打斷，他看上去有些嚴肅，但開口時聲音十分年輕、豪邁：「我是出版社的董事長，叫我關哥就好，妳就是那位年輕台灣女孩對吧？我們看到妳的履歷覺得很有趣，正好和我們合作九、十年的駐台作家要退休了，希望妳之後能用年輕人的角度去介紹台灣，對了！之後妳們也會碰面，再介紹妳們認識！一起旅行就是一家人了，不需要有任何的約束，我後面這位看起來跟妳們年紀差不多的女生是編輯，其實她也已經三十初頭了……」

「年紀就不用提到了啦！我叫珈蓉。」那位編輯和我們點了點頭，我們也微笑點頭表示禮貌。

「另外這三位有兩個行銷組的企劃、一位資深編輯，不是很重要，如果他們騷擾妳們，趕快跟我們告狀，我們馬上幫妳們教訓他們。」關哥開玩笑地說。

「什麼不重要，我們都很重要！」其中比較圓、長得討喜的年輕人說：「他們都叫我小弟，雖然我看起來像四十幾歲的大叔，但其實我還不到三十歲，我年紀還是比妳們大啦，妳們可以叫我高哥！」

「哇！一瞬間有三個妹妹，很會很會！高哥～」高哥後面戴眼鏡的男子一邊拍手一邊向前：「大家都叫我紹威，妳們一起叫我紹威就好。」

「我叫任豪。」任豪是所有人裡面，唯一聲音較小的。

「總之今天入住的就我們六個人，之後其他人跟我們會合後，我再向妳們介紹，大概明天吧！挪威的四位作家會跟我們會合，就新加坡、四川、台灣、北京的作家，他們都會說中文。」曾哥說完後，看向關哥用眼神示意。

「喔！我們先把行李暫時放在旅館了，隨時都可以出發，妳們要不要跟我們一起行動？我們大致安排了一些行程。」關哥詢問的時候，我能感覺到孟桉和宇翎覺得很突然，但因為宇翎本身很喜歡認識新朋友，我也需要跟大家好好認識的關係，所以不僅宇翎，就連孟桉都點了點頭。

「我們昨天有去老市場，那邊有很好吃的鮭魚捲，看您們有沒有興趣？」我很快的問了他們。

「哈哈哈哈哈哈！不用啦！妳們都去過了，就不要再浪費一天去同樣的地方，慕盈我剛剛不是說不要約束嗎？不要用您，要用你！」曾哥只要講話就會有他的招牌笑聲，每當他大笑，旅館內的所有人都會好奇地看向他。

「哈哈好的！那妳們原本今天安排要去哪呢？」

「也不算安排啦！就剛剛紹威說很多人都會去 Sibelius-monumentti 拍照，因為紹威其實是音樂系畢業的，所以想去！」關哥臉雖皺著眉，但說起話來，語調非常開心。

「Sibelius-monumentti 是芬蘭話，翻成中文是西貝流士紀念碑，西貝流士本身是芬蘭很有名的作曲家，紀念碑是藝術家埃拉希爾圖寧設計的，像巨無霸的管風琴。」紹威一邊補充說明，一邊眼神發亮，感覺得出來他來赫爾辛基，就是為了去那裡。

「好呀！那就走吧，我們三個也一起，聽起來好像很厲害。」宇翎率先回答。

於是六個人加我們三個人，總共九個人一同前往西貝流士紀念碑。

‧‧

我們抵達時並沒有很多遊客，紹威立刻將手中的相機交給珈蓉。

「這好難整個拍進去，怎麼拍啊？我拍不進去整個畫面！」珈蓉立刻抱怨：「既然要拍整個畫面，你給我往前點，不然臉根本拍不清楚。」

「哈哈哈哈哈哈哈！來！你們小倆口一起拍！」曾哥搶去珈蓉手中的相機，催促她站到紹威旁邊。

關哥手插腰無奈地搖搖頭：「同樣技術不好，還硬要幫別人拍！」接著轉過頭來和我們解釋：「珈蓉和紹威是一對，前陣子紹威剛跟珈蓉求婚，所以是未婚夫、未婚妻的關係，看不出來對不對？兩個人總是吵吵鬧鬧。」

「看得出來關係很好……」我小聲地回答，紹威把珈蓉整個背起來，珈蓉還比了一個大大的愛心，說真的誰看不出他們是一對？那他真的沒救了。

「哈哈哈哈哈哈哈哈！」浪漫的畫面伴隨著曾哥戲劇性的笑聲。

「等下也請別人幫妳們三個拍照啊？我不太行，技術不好，看要不要叫任豪，我看他都在找長椅要準備坐下了，找點事給他做。」關哥一邊說一邊朝任豪的方向走去。

「沒關係！我們互拍就好了！」宇翎立刻阻止。

「我的鏡頭很廣，可以把三個人都拍進去！」孟桉在說的同時，將手機轉為內鏡。

「好啊！也可以！」

「還是關哥我們幫你拍張照？」我一邊說一邊拿出手機。

「不用不用！我不太愛拍照，也算老人家了，頂多拍個風景照。」關哥立刻回絕：「謝謝啦！妳們女孩子拍就好了！」

由 600 多條不鏽鋼管組成的西貝流士紀念碑，走近仔細看會發現有些紋路，不知道是刻意雕刻好的，還是時間久自然產生的。

1 2　**1** 孟桉、宇翎相親相愛的模樣。　**2** 超過 600 個空心鐵管呈波浪狀，如同管風琴。

「疑？好像因為背光所以沒辦法自拍耶！」孟桉將手機鏡頭擦了擦：「真的不是我手機的問題！」

「沒關係，那就互拍就好哈哈！」既然都無法三人同時入鏡了，我就將我的手機拿出來幫她們拍照。

「後面還有雪地，拍起來比想像中的好看。」尤其今天宇翎、孟桉各自戴著紅、黑毛帽，看起來更可愛。

「我們等下下午想去老市場那邊逛逛，看要不要一起去或晚點會合？畢竟妳們逛過了，怕妳們無聊！」過了一陣子，看大家都拍好照、在公園散步走得差不多，曾哥走過來問我們。

「我剛剛在網路上，看到附近有一家長得很可愛的紅色小屋咖啡館，裡面肉桂捲聽說很好吃，如果你們不怕肉桂味的話，看要不要一起去？吃完肉桂捲後再去老市場？」阿江將手機查到的咖啡館資訊拿給曾哥看。

「好呀！這是不錯的提議！」曾哥說完，就跑過去和後面的一群人講，接著就由阿江帶路，帶我們到 Café Regatta 吃肉桂捲。

芬蘭著名景點西貝流士紀念碑。

⬆ 前往 south 公園愜意散步。

⬆ south 公園景色。

↑ 終於有來到芬蘭的實感，三胞胎興奮合照。

↑ 即使只是散個步，也藏不住的喜悅。

來到歐洲最喜歡這種小木屋了，牆上掛著很多畫、裝飾品、樂器，外面木門上還有兩個船舵，不遠處則有破舊的獨木舟、船槳、紅色老舊古典車。

小木屋的空間很小，大約只擠得下十個客人，包含座位，我們一群人進入的瞬間就占滿了屋內所有空間，於是我決定先到外面拍照，出來後看到孟桉在拍車子，宇翎則是在拍外面的紅色小招牌，看來我們三個人默契十足，都覺得裡面的人太多，先出來讓大家點完餐再進去比較好。

「妳們三個！這給妳們！吃吃看！」不久後曾哥出來找我們，快速的將肉桂捲、燻鮭魚燕麥麵包薄餅遞到我手上。

「等我一下……」我將手上的肉桂捲遞給宇翎，開始翻找錢包。

「幹嘛啦！不用啦！一起旅行就是一家人，這點小錢不要給，曾哥請妳們！」

眼看再拒絕，反而會顯得沒禮貌，於是我趕緊點頭道謝：「謝謝曾哥！」

「等下裡面應該會有位置，看妳們要不要進去吃，也很有氛圍。」

「好的！」宇翎、孟桉也很快向前，一起道謝：「謝謝曾哥！」

⬆ Café Regatta 紅色小木屋的外觀，像極電影場景。

「幹嘛？妳不吃肉桂捲喔？這很好吃欸！」過了大約五分鐘左右，我們走進小木屋中找了位置坐下。

「我不太喜歡肉桂味，不敢吃肉桂捲……」我害怕的揮了揮手：「我看孟桉也不敢吃的樣子，我們三個應該只有妳愛吃肉桂捲吧？」

「對，我很怕肉桂味，不敢吃！」孟桉捏了捏鼻子。

「吃一口試試看，這肉桂味不會太重，妳吃吃看啦！」宇翎將手中的肉桂捲撕了一口強塞進我的嘴裡。

我皺著眉一臉恐懼，接著逐漸鬆開緊皺的眉：「意外的肉桂味沒到很重，有一點點可樂的味道。」宇翎聽到後滿意的點點頭。

至於燻鮭魚燕麥麵包，在吃的時候才發現中間有荷包蛋，孟桉的灰色外套差點慘遭蛋黃毒手，但整體來說很好吃。

對於 Café Regatta 提供的餐點，就連不敢吃肉桂的我、珈蓉、高哥都表示讚賞。

⬆ Café Regatta 外的老車也變成活招牌。

1　1 意外好吃的 Café Regatta 肉桂捲。

2　3　2 慕盈失敗的醃生魚片罐頭。 3 孟桉的燻鮭魚。

回程時，我們和出版社的大家分開，他們前往老市場，我們則是在周圍隨意走走，順便去超市買一些便宜的加熱食品當晚餐，能省則省。

　　「鮭魚！」一進到超市後我和孟桉立刻跑到冷藏櫃前面，拿起一包又一包的燻鮭魚。

　　「怎麼還在鮭魚，自從到芬蘭後每天都在吃燻鮭魚。」宇翎雖然這麼說，卻也跟我們一起研究不同顏色包裝的燻鮭魚，沒想到燻鮭魚還有分這麼多口味。

　　「這個一大罐只要快四歐欸！也太便宜，我要買這個！」我拿一大罐罐裝的醃製鮭魚，雖然不知道是什麼口味，但看起來就很好吃的樣子，這種裝法讓我想起夏威夷的醃製生魚片。

　　「我還是拿那種一包一包的好了，比較大片。」孟桉隨手拿了一包燻鮭魚。

　　「那一包裡面只有三片耶，還要四歐，好貴喔！」我試圖說服她和我買一樣的。

　　「我想要大口大口的吃，不管不管，我就是要吃吃看這個！」孟桉回絕。

　　「我還要買橘子！」我繞過孟桉拿起袋子將挑好的橘子，一顆一顆的放入。

　　短短時間，我們各自拿了自己的戰利品，我拿了橘子、醃製鮭魚；孟桉拿了一包煙燻鮭魚、兩條巧克力、牛奶，宇翎則是拿了一包檸檬餅乾、一瓶水。

世界從未一成不變，總有意想不到的驚喜；來自你的生活、態度、步伐，或單單看世界的角度。

活在
明信片的世界

SUOMEN TASAVALTA, HELSINKI

芬蘭｜赫爾辛基

· Helsinki

旅途中：

有開心、有悲傷，也迎來夢碎

「太噁心了！」這是來到芬蘭的第三天早晨。

「天啊！妳還繼續吃？妳再反胃下去，我真的會以為妳在害喜。」孟桉笑著對我說。

「我想說麵包可以蓋過它的鹹味，而且它居然不是鮭魚……」我眼眶積滿了淚水。

「我來吃吃看……」嚐了一口醃製生魚片，紹威臉皺成一團：「這東西確定是能吃的嗎？丟掉好不？」接著順手將手上的醃製生魚片遞給珈蓉。

「你都覺得難吃了還遞給我，是很想超生是不是？」珈蓉假裝生氣。

「哪敢哪敢！娘娘！小的知錯了！」紹威浮誇的雙手合十、拚命鞠躬。

「死罪可免、活罪難逃，罰你欠我一個禮物。」

「好，只要不超過一百歐都買給妳！」

「這麼大方？好！現在這麼多見證人，你最好不要說謊，說謊就喝雄黃酒。」

「哪敢說話不算話，娘娘您放寬心。」

「這什麼？有好料怎麼沒我曾總編的份！」曾哥剛從房間裡走出來，很明顯沒聽到剛剛的對話，紹威立刻將手中原本要遞給珈蓉而被退貨的醃製生魚片，一口氣直接塞進曾哥嘴裡。

「我的媽呀這啥？原本還有點睡意，瞬間消散，喔我的天啊！哪裡有垃圾桶？」曾哥毫不顧忌形象，直接拿了旁邊的衛生紙吐在上面。

「噁……」看到這驚悚的畫面，我不自覺的反胃。

「這什麼！」吐完醃製生魚片後，曾哥趕緊拿水漱口。

「小作家昨天買的醃製生魚片罐頭，原本大家覺得看起來很好吃，結果沒想到鹹得要死，吃了一口就覺得要洗腎了。」高哥看紹威和珈蓉笑到沒辦法回答，就開始解釋。

正當大家要繼續討論醃製生魚片時，一旁傳來孟桉的哀號聲。

「啊啊啊啊啊啊啊啊啊啊啊啊！」孟桉一邊拿著手上的牛奶，一邊用手拍打我和宇翎。

「幹嘛？」正要打開手中礦泉水的宇翎，明顯被孟桉嚇到。

「奶油！是鮮奶油！」孟桉委屈的嘟嘴說：「不是牛奶，是鮮奶油！」

「噗！」這讓正在努力將醃製生魚片夾到吐司的我，忍不住笑出來。

「哈哈哈哈哈哈哈哈哈！妳們以後不要自己逛超市啦！看妳們東西都買錯，只有宇翎妹妹沒有買錯東西。」曾哥捧著自己的大肚子，開始仰頭大笑。

「還好意思說，昨天你不也說要隨便挑個起司，結果一挑就買了藍起司，放在包包裡還不拿出來，搞得整個包包臭掉，現在連衣服、襪子、內褲也全都要拿出來洗……」關哥無奈地說。

「哈哈哈哈哈哈！出來旅行就要這樣，有點小意外才好玩，看來我們裡面就只有江妹妹沒買錯東西了！」曾哥講完的同時，珈蓉不小心笑出聲。

「劉珈蓉妳幹嘛？」曾哥往珈蓉的方向看去。

「哈哈！你們在討論起司的時候，阿江跟慕盈說，她的水想買礦泉水，結果買成氣泡水了！」珈蓉越講越覺得好笑，到最後笑到說不出話。

「噗！」這次換宇翎忍不住了，直接大笑。

　在芬蘭的第三天早晨，我吃了鹹到炸的醃製生魚片、宇翎喝了有氣的礦泉水、孟桉委屈的將買錯的鮮奶油冰回冰箱。

「那就兩天後再見！」曾哥、關哥、高哥、紹威、珈蓉、任豪，六人一字排開的舉起雙手和我們道別。

「好！我們再連絡！」我高舉雙手和宇翎、孟桉一起背著大背包和大家道別，我們三人都穿上厚厚的外套，應該說孟桉、宇翎都穿了兩件衣服加上厚厚的外套。

今天會有四位旅遊作家抵達芬蘭，但因為房位只剩一人，所以宇翎提議我們先搬出來將位置讓給他們，順便去玩。

　　我們離開後剛好有三個空著的房位，再加原本剩餘一個的位置，總共剛好讓四位旅遊作家都可以住進去；而今天曾哥他們要到市中心和作家們會合，會再帶他們逛一次老市場、老城區，因此我們離開剛好可以去其他地方玩。

　　「我們到波爾沃後再訂住宿！」孟桉提議去距離首都赫爾辛基 50 公里的芬蘭小鎮波爾沃 Porvoo，那裡是芬蘭著名的城鎮；有著一大排的紅色倉庫小屋，甚至湖中會有倒影，走入每一個轉角，都像進入明信片世界裡，在芬蘭當地很有名。

　　「我們去完波爾沃後可以去埃斯波 Espoo，那邊有很多風景，反正我們再看看要住在波爾沃還是埃斯波，住宿費好像不太便宜。」我看了看手機說。

　　「歐洲可能跟亞洲相反，住市中心反而比較便宜，偏遠的地區因為住宿的地方比較少，所以反而比較貴？不知道耶……我晚點再訂。」宇翎決定負起找住宿的責任。

　　坐了兩到三小時的巴士，我們抵達了波爾沃。

　　「如果不是我看到紅色小屋叫孟桉的話，我們可能就錯過了！」我下車做的第一件事情，就是搖一搖孟桉的肩膀。

　　「聽我解釋，我好像知道要下車了。」孟桉傻笑。

　　「沒有，妳在發呆吧！」宇翎捏了捏孟桉的臉。

　　「不是！我沒有發呆，我是睡著剛醒來，我知道要下車啦！」孟桉堅持。

　　「哈哈！好啦好啦！我們孟桉絕對知道要下車。」我立刻哄她。

　　「妳們都不信任我，我太傷心了。」孟桉假裝傷心，但實際心情好到不行，走得步伐也比平常大，幾乎是用跳的方式前進。

⬆ 波爾沃 Porvoo 河畔旁著名的一大排紅色小屋。

⬆ 不同角度會拍出不同的感覺。

⬆ 街道上的木屋都漆上各式各樣的顏色。

⬆ 河畔上停留的小船。

波爾沃雖然離首都有 50 公里遠，卻是芬蘭的第二大都，許多建築都是中世紀留下來的，其中又以 15 世紀建造的波爾沃教堂最為知名，部分建材的歷史，甚至可以追溯到 13 世紀，是芬蘭最古老的教堂之一。

　　這裡的房屋都很可愛，大部分都是小木屋，漆上各式各樣的顏色，藍色、紫色、粉色、紅色、綠色、黃色、咖啡色，非常繽紛可愛，走進巷弄像進入童話故事，往河畔看去，如詩如畫的美景，彷彿來到明信片的世界。

　　「這邊的景色，美到用手機拍不出來，不知道為什麼，也許是因為手機沒辦法拍得太廣？」走到最著名的一排紅色倉庫小屋面前，我試圖拍照。

　　「我的手機拍得到全景，但這邊的景色的確用眼睛看過去比較好看！」孟桉苦腦地走到我旁邊：「還是因為現在沒有太陽？」

　　「對！應該是因為沒太陽的關係。」我看了看天氣。

　　「蛤……我不喜歡用濾鏡拍照，但這裡真的用特效拍比較好看。」宇翎皺著眉滑過一個又一個的濾鏡：「好可惜，用眼睛看明明就顏色很亮，拍起來卻灰灰的。」

　　「我們像在明信片裡，手機畫面反而像現實世界，真是奇特！」我笑著說。

　　接著我們三人沿著河畔散步，這裡沒有商店街、咖啡廳，只有可愛的小木屋，還有未開放的教堂。

　　「今天教堂沒有開放進入耶！」孟桉指著教堂緊閉的大門。

　　「不知道國外是不是也是固定禮拜天禮拜？」我接著說：「好像該訂住宿了，要不要直接住在離努克西奧國家公園近一點的地方？」

　　「不行……價格比較貴又看起來不太安全，還是住在波爾沃好了！我直接打開地圖看哪裡離我們比較近，價格又便宜的。」宇翎在找尋住宿的時候，我和孟桉則是走在她後面拍了一堆她的背影照，每多拍一張就賺了一張美照，怎麼拍都好看。

⬆ 走到哪手機拍到哪，宇翎意外捕捉到的可愛畫面。

⬆ 能一同踏上旅行，何嘗不是命中註定的緣分。

「訂好了！」才過不到三分鐘，效率高的宇翎就訂好了住宿：「好像是在大樓內，等下等房東傳來密碼鎖就可以了。」

接著我們簡單到間中國餐廳吃晚飯，並前往住宿的地方入住，這間住宿位於赫爾辛基和波爾沃中間，走在最前頭的宇翎打開門之前，先敲了敲門。

「這什麼鬼？跟照片差太多了吧！」前方傳出宇翎的驚呼聲。

「這好像太平……」孟桉在要說出口之前被我制止：「陳孟桉！不要亂講話。」

對，這裡真的很像太平間就算不像也像醫院病房，就差簾子而已。

「咳！這裡的灰塵有夠多的，怎麼辦，李慕盈等下眼睛就要紅了。」宇翎一邊講一邊走過來：「妳把妳的外套套在枕頭上，然後把房東附給我們的毛巾鋪在床鋪上，他給我們的毛巾還蠻乾淨的……我們等下用自己的毛巾去洗澡。」我聽完後，點頭表示感謝跟贊同。

這房間明顯風水不好，其中一個床就直接頭對著門，所幸阿江將枕頭的位置做了調整，雖然這樣還是很恐怖就是了。

一打開房門就會直接看到三張床，床的大小比單人床更小一點，除了床以外還有一個老舊且打開來會有霉味的衣櫥，天花板有一個大燈，看起來像做手術的那種燈。

於是我們三人很有默契的決定，今天晚上不關燈睡覺，不然會太恐怖。

「啊！洗澡！誰要陪我去洗澡？我不敢一個人……」孟桉突然從床上彈起來，彈的時候還有灰塵在那邊飄。

「我今天原本要洗襪子、衣服，這下怎麼辦……」

「那我們就一起去洗澡、洗衣服！」孟桉對著我說。

「阿江一起嗎？」我們一同看向阿江。

「妳們先去，我整理一下包包。」

「一起！」我跟孟桉異口同聲地說。

「妳們先洗，我晚點洗……」宇翎都這麼說了，我和孟桉只好先下樓洗澡，順便開玩笑地說宇翎是不是偷偷交男友，所以才把我們支開來。

在各自拿好換洗衣物後，我們兩人躡手躡腳地走在走廊。

「這裡的燈為什麼要這麼黃，搞得我全身緊張……」孟桉一臉慌張。

「噓……不要講話！」我全身發毛。

「電梯在這裡！」孟桉用手指著電梯。

「別用手指東西！」我小聲地說。

「等下電梯打開，最好不要有人，不然我真的會嚇死！」孟桉一進入電梯就這麼說。

接著電梯門打開，一個人都沒有，前方是完全漆黑的走廊……

「這時候就學會省電了嗎？」我脫口而出。

接著看到孟桉受到驚嚇的表情，為了彌補，我衝向前開燈，哪怕所謂的衝向前，也只是多走五步罷了。

「謝天謝地！」看到燈都開啟後，孟桉充滿感激。

「這裡的廁所有兩間欸！」孟桉說：「我們一起用一間嗎？」

「沒關係，我用另外一間，不然阿江等下下來，看到我們還有人沒洗，應該會很無言！而且如果等下有人來洗，會害阿江還要排隊。」天曉得我說出這句話的時候，有多害怕……其實我也想兩個人一起用同一間。

「可是我會怕耶！」孟桉說：「現在只有我們兩個人，可以播音樂嗎？我真的超怕。」

「這個……」播了音樂，如果其中一個被抓走，另一個人不會發現耶……

「還是我們先洗衣服？洗好後丟烘乾機，剛好洗完澡出來拿？」我突然想

起來有髒衣服要洗，反正我們洗澡也要洗一段時間，而且到時候宇翎說不定已經下樓，可以陪孟桉。

「好！那我們使用同一台烘乾機！等下說不定阿江就下來了！」

為了方便，我們三人都帶洗衣服專用的香皂，我甚至為了省空間、重量，出國前還先拿刀子切一半，只帶一半出門，自以為這樣很聰明。

我和孟桉快速將衣服洗好，並丟入烘乾機，聽到**轟轟轟聲響**後，我們才一同離開，準備前往淋浴間。

這時電梯門剛好打開，只見宇翎朝我們奔跑：「剛剛那個走廊有夠毛的欸！」

她看向一臉驚恐的我們：「幹嘛？」

「電梯門突然打開，嚇到我了啦！」孟桉委屈。

「沒有幹嘛……」回過神後我笑著說：「孟桉應該有話要說！」

「對，我有話要說！江宇翎！我剛剛跟妳講一樣的話，說毛毛的之類的，結果李慕盈噓我欸！」孟桉立刻告狀。

「哈哈李慕盈妳會怕齁？噓什麼啦……啊！也是啦，是該噓一下，陳孟桉太吵，會把不該引來的……」宇翎說到一半，懊惱自己講錯話，立刻轉移話題。

「這不是重點，重點是妳們不是要去洗澡嗎？怎麼還在這裡？」阿江問。

「想說洗個衣服丟烘乾機，等下洗好剛好可以來拿，說不定在這中間妳就下來了，可以陪孟桉一起用同一間淋浴間，如果妳也怕的話？」

「我怕我怕！所以這裡是只有兩間嗎？」宇翎一邊說一邊走向孟桉。

「走走走！」孟桉拉著宇翎：「我們趕快洗好澡趕快離開！李慕盈妳一個人可以齁？」

「不行啊！」我欲哭無淚地說：「但我想我可以鎖最外面的門，然後開著淋浴間的門，應該會比較不怕。」

這裡的淋浴間有兩間，比較特別的是淋浴間跟廁所是在一起的，而且兩間淋浴間雖然在同一層樓，卻隔了一大段距離，並不像我們一般去游泳池那樣，一間一間離很近。

　　「妳的犧牲會是值得的……」孟桉離開前不忘說這一句。

　　「閉嘴啦！」我害怕地說。

　　進入淋浴間後，我把腦袋裡所有我知道的佛、神、耶穌都請出來，反正全都唸一遍就對了，總會有一個鬼聽過吧？我花了這輩子最快的時間洗澡，雖然帶了洗面乳，但還是決定今天不洗臉，天曉得我閉上眼後會發生什麼事。

　　「欸！妳們這樣聽得到我講話嗎？雖然有段距離……」接著我試著大叫，試圖讓孟桉、宇翎聽到。

　　沒有回音……

　　我加快了洗澡的速度，這時候，只要泡泡都有洗掉就好了，我要出去！

　　洗完的瞬間，我隨便用毛巾擦一擦身體，張大眼睛的穿上睡衣，快速地奔跑出去，直到我聽到阿江、孟桉播放的音樂聲。

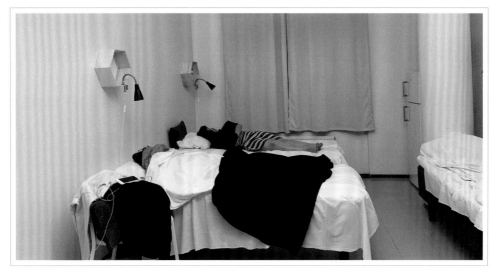

⬆ 超像躺在病床上的恐怖旅館。

「哈哈哈哈哈！妳頭髮太濕了啦！妳的睡衣根本濕一半欸！是怎樣？」孟桉正用毛巾包著頭髮，對著我大笑。

「怎麼是妳先洗？」

「喔！我也不知道，就變這樣了！妳剛去看過烘乾機了嗎？」

「還沒，我剛剛直接奔跑過來。」

「哈哈哈很恐怖齁？」

「何止恐怖這麼簡單，我根本不敢洗臉！」我浮誇地將手中的洗面乳拿到孟桉眼前揮了揮：「我去看烘乾機！」我將手中的東西放在馬桶上後便離去。

飛速的跑到已經一動也不動烘乾機前面，快速打開摸一摸裡面的襪子，再用最快的速度拿起裡面的所有東西，跑回淋浴間。

「妳速度也太快了吧？」孟桉笑到整個人往後仰：「我快笑死。」

「沒良心的傢伙，幫妳拿衣服還被妳笑……」

「哈哈哈哈哈哈！」接著孟桉發出和曾哥差不多的浮誇笑聲，之後立刻停下來：「完蛋了！」

「哈哈！妳被曾哥傳染了！」我大笑。

「對！」孟桉傻眼的摸了摸自己的臉：「太恐怖了！」

之後過了十分鐘後宇翎從淋浴間走出來，我們三人再度擠成一坨躡手躡腳地回房間，不僅晚上沒關燈，就連早上起來，也都先看對方還有沒有呼吸，這家位於赫爾辛基及波爾沃中間的旅館，是我們整趟歐洲之旅，住過最恐怖的旅館了。

「好累……天啊！我的手機怎麼快沒電了，我昨天沒有充電嗎？」將手機插上行動電源，我仔細回想昨晚究竟發生了什麼事。

昨天一回房間，不到三十分鐘，孟桉就睡著了，我和宇翎大笑了後，各

自祈禱自己比對方還要早睡，接著我拿了我的手機，看了看影片……

之後越想越覺得恐怖，決定播音樂睡覺，難怪我今天不只覺得耳朵很痛，手機還沒電。

「所以要去哪裡？」回過神後，看到宇翎、孟桉正在討論。

「我昨天有說可以去埃斯波 Espoo，那邊有很多自然景觀。」接著我去看我手機的瀏覽紀錄：「這裡！還有那裡都可以去。」並將手機遞過去。

「對！剛孟桉也說可以去這邊，那我們就去努克西奧國家公園！」宇翎決定好後，孟桉就開始導航。

前往努克西奧國家公園 Nuuksio 只需將近一小時的時間，中間會需要轉車，我們在轉車的地方，買了一些糧食。除了各自的飲料，孟桉和宇翎也買了些巧克力、洋芋片。

「每次都一定要買巧克力，這樣發生什麼意外的話，我們才可以快速地補充熱量！」孟桉買零食，總會有許多理由。

「不行，這種話不能講，烏鴉嘴！」宇翎說話的同時，綁了綁鞋帶。

「來，麵包都拿好！」我拎著三個麵包從超市出來。

「謝謝媽媽！」雙胞胎一邊拿麵包一邊戲弄我。

1 **2**　**1** 一路上都在拍照，十分鐘的路程被我們走了半小時。 **2** 慕盈捕捉雙胞胎玩耍的可愛畫面。

↑ 想像森林中有一列火車，能帶著我們環遊世界。

⬆ Nuuksio 努克西奧國家公園中的橘色路牌。

「車來了！」不知道是宇翎還是孟桉的吶喊聲，緊接著三胞胎一起奔跑。

自從來到歐洲後，每去到新的地方，就會有三個人同時導航，尤其芬蘭的巴士只要沒人拉繩子就不會停站，不僅超快經過站牌，站名甚至不是英文是芬蘭語，時常會不小心錯過站。

「大家都下車了耶？」在抵達我們導航目的地的前一站，有六、七個人同時起身下車。

「不是這站，是下一站！」宇翎攔住我，叫我坐回位置上。

「是嗎？還是是這站，我們導錯入口？」在我們三人猶豫不決時，車門就關上了。

巴士行駛五分鐘後，宇翎開始後悔：「怎麼辦？好像是剛剛那一站沒錯，但應該兩邊都可以……努克西奧國家公園很大。」

「沒關係！反正都是目的地，不同入口而已！」我立馬安慰宇翎。

「但我們離入口好像還要走兩公里的樣子……」宇翎露出委屈的表情：「我怎麼突然被孟桉傳染，變笨了……」

「什麼！我哪裡笨！」孟桉露出比宇翎更無辜、委屈的表情：「我剛剛有說，可能導錯入口，真的啦我有說！」孟桉假裝生氣，但眼睛已經出賣她了，根本在偷笑。

「乖！都很聰明喔！不委屈不委屈！」我摸了摸她們的頭。

「快，再多哄一點！」宇翎難得撒嬌。

接著不到十秒，就到站了，我左手抓著宇翎、右手拉著孟桉立刻奔下車。

來到 Nuuksio 努克西奧國家公園，就像進入童話故事中的森林，雖然多走兩公里的路，但沿路中都有雪，我們三人當作散步，心情愉悅地走著。

路途上遇到各種顏色的標記，分成很多條路線，一開始我們都跟著橘色的路標走，直到我停下來吶喊她們：「這裡有條小徑欸！要不要走這條看看？」

通常在電影裡，這句話都會是故事的轉折，如果不是掉下懸崖、遇到壞人、迷路在森林裡；那就會是遇到新的朋友、撿到某件好物品、看見意想不到的美景，而我們屬於後者。

眼前是未曾想過的畫面，除了皚皚雪地，居然還有結冰的湖面，這些在電影裡才能看到的場景，毫無預警地出現在我們面前，除了小心翼翼地靠近，我們三人很有默契地拿出手機，拍了一張又一張的照片，湖面結冰意外的將獨木舟固定在湖面上，這畫面實在美極了。

「別踩上去，我怕冰碎掉妳會掉下去！」我拉了拉孟桉。

「我知道！我拍個照片而已，不會踩上去。」孟桉保證。

我們幫彼此拍了照片，孟桉、宇翎的照片都很漂亮，而我則像在代言芬達橘子汽水。

「妳把芬達拿走！」起先宇翎覺得無所謂，後來越看越不順眼。

「好！」我快速的將身上雜七雜八的東西拿走，接著站回冰河前拍照。

「喔不！小心！」突然在遠方傳來孟桉淒厲的叫聲。

我嚇到後，晃了晃身子，深怕不小心踩在冰河上；如果踩在冰河上，我肯定因為體重過重而使結冰的湖面碎掉，並十分倒楣的掉入湖裡……

無論如何都必死無疑，就算成功脫困也會在路途中冷死，在零下飄雪的森林裡，從零下十幾度的冰河裡爬出來，可不是開玩笑的。

⬆ 湖面結冰，並將獨木舟固定在湖面上。

⬆ 迷路顯得無助的宇翎、慕盈。

「啊！看錯了，我剛剛的角度，以為李慕盈不小心站在冰河上。」孟桉走近後，不好意思地摸了摸頭上的帽子。

「嚇死我了！妳大叫我也以為我不小心踩上去了！」我往前走好幾步，心臟差點沒嚇到停止。

「妳的手機差點被我丟進雪堆裡……」在孟桉大叫的時候，宇翎被突然地叫聲嚇到，而手抖了一下。

「放心，如果我的手機真的掉進雪裡，我是不會怪妳的。」倒是會把孟桉抓去旁邊小唸一下。

離開小徑後，我們不再跟著橘色路標走，甚至三人都沒注意到已經換成其他顏色的路徑，直到我抬頭看時，發現同時出現綠、紅色種顏色的路標。

「我們剛剛不是走橘色路標嗎？怎麼換顏色了？」我停下腳步，攔住宇翎、孟桉。

「我們一開始不就是紅色路標嗎？」孟桉打開手上的巧克力，並分成三塊塞進我跟宇翎手裡。

「不是，是橘色的沒錯！」宇翎抬頭看向眼前的紅色、綠色路標。

「不會迷路了吧？」我回頭看了看，真的已經沒有橘色路標的身影。

「不會啦！選一條路線，走到底，還是會走出去的。」宇翎雖然這麼説，卻握緊了手上的零食，如果在森林裡迷路了，這些食物可以救她一命。

等等……我摸了摸身上的紅色小包包，再望著孟桉、宇翎。

「不會吧……」剛剛在轉車的時候，我只買了麵包和汽水而已，身上完全沒有任何零食。突然想起孟桉從超市出來時説過，巧克力可以在發生意外的時候補充熱量。

「妳要不要等下再吃巧克力？」我問了問孟桉。

「蛤？為什麼？我現在就想吃！」才剛打開的巧克力很快就被孟桉吃完了，她邊回答，邊要將手中的第二條巧克力打開。

「妳還是等等再吃好了！」此時，一旁的宇翎快速的壓下孟桉正要打開巧克力的手：「我們先找路。」我很確定此時宇翎跟我一樣，有點擔心會不會在這迷路。

很顯然，我們都忘了這一大片的森林，其實隸屬國家公園內，再怎麼迷路，也會有人救我們的。

於是，我們統一沿著紅色路標走，走著走著卻走到了一條死路，雖然是死路卻有一大片高高的樹，太陽剛好出沒，將陽光灑落在潔白的雪地中，穿梭在樹木間，讓我確信自己身處在北歐最美仙境裡。

接著我們再試圖跟著綠色路標走，在我們三人成功連上網路後，孟桉嘆了一口氣：「因為在森林裡，所以導航也迷失方向了，看來我們只能目測方向了。」

「行的啦！我們一直直走，好像就可以出去了。」宇翎指了指前方。

「對！一直直走，大概再三公里吧？可以找到出口跟另一個巴士站。」看完手機後，我點了點頭。

「啊！」正當宇翎要打開手中的洋芋片時，突然一陣慌亂的尖叫聲在森林中迴盪。

「這絕對不是馬糞對吧？」心中已有答案卻忍不住尖叫的孟桉開始亂跑。

「哈哈！對耶！是馬的腳印，也太酷了吧？這裡居然有馬？」雪面上有很多馬腳印，看來有不少馬經過這裡。地上有不少馬糞，我和宇翎緩慢行走，經過一坨又一坨的糞便。

「這條怎麼感覺不是給人走的？」我忍不住說：「最好不要是死路喔！不然我真的會崩潰。」

「不會啦！我蠻確定是直走，而且其他路線要走更久，我們這條是最快走到出口的路。」宇翎默默打開洋芋片，並將洋芋片塞入我嘴裡。

走了三公里後，我們成功抵達出口，順利結束這趟充滿驚喜、冰河美景、刺激、滿地馬糞的旅程，接著前往土庫。

04

真摯友情可遇不可求，一段愛情的長久可以維持後半輩子，而有些友誼卻是一輩子的，比愛情來得早、去得晚、來得長久。

溫馨
的一家人

SUOMEN TASAVALTA, HELSINKI

芬蘭｜赫爾辛基

• Helsinki

旅途中：

有開心、有悲傷，也迎來夢碎

從努克西奧國家公園回到赫爾辛基，隔天一早搭乘前往土庫的巴士，大約花了兩小時的車程，來到土庫，最大目的就是要從這裡搭船前往瑞典。

昨天晚上，我們回到赫爾辛基一開始住的旅館，和其他作家們打招呼，並一同討論之後行程，最後得出的結論就是前往瑞典，因為芬蘭到瑞典的船票十分便宜，所以除了新加坡作家、高哥、任豪想前往愛沙尼亞和另外剛從瑞典玩完的八位出版社員工、作家會合外，其餘三位日本、四川、台灣作家，以及剩餘四位我們已經認識的出版社朋友，加上我們，總共十人決定前往瑞典。

也因為十人人數太多，所以大家各自分成三、四人訂房，包含背包客旅館、民宿、打折後的平價飯店，並約定於明天早上十點集合，一起逛土庫，並下午搭船前往瑞典。

「我終於有功用了！」我得意的看著自己訂的超美民宿，毫無疑問地因為人數過多，所以我和宇翎、孟桉三人被分配在一組，而我是負責訂民宿的人。

房東是一位很親切的婆婆，她將鑰匙交給我們，簡單介紹房間，臥室的燈很可愛是手工做的圓圓紙燈，白色床鋪上擺著藍色白星星床尾巾，一旁還有摺疊梯掛滿許多藍白色小球燈，臥室的採光很好，陽光都能照射進來。

外面的客廳空間很大，電視上的架子放了各式各樣的手工風景畫，還掛了一串小燈；咖啡色沙發又軟又大，上面放著許多咖啡色椅枕，前方有兩個典型北歐正方形木桌，上面放著兩個綠葉圖騰抱枕。

1 2　1 摺疊梯掛滿藍白色小球燈。 2 擺在沙發上的三胞胎背包，呼應著牆上的世界地圖。

3 **4**　　**3** 採買的郵票和精心挑選的明信片。　**4** 三胞胎一起製作的晚餐。

牆上掛著大大的世界地圖，一旁還有貼紙，是房東特地為了旅客準備的，讓來自世界各地的人們，可以將自己的家鄉用貼紙貼出來，十分窩心可愛。

地上有一個很大的地墊，有點像原住民圖騰，結合了紅、白、黑、灰、橘線條，交織在一起，擁有許多正方形、菱形小圖。

最重要的是，這間住宿有廚房，我們可以自己買食物來煮，打開櫃子後有許多餐具，除了有一整組的嚕嚕米餐具，還有許多紅、藍色的盤子，這讓我們開心極了，決定今晚去超市採買晚餐食材，順便再補些郵票，將我們買的明信片寄出去。

在前往超市的路上，我們三人的心情都很好，路途中順便記了郵筒的位置，明天一早便要將明信片寄出。

附近有兩間亞洲超市和當地歐洲超市，我們先去了歐洲超市買了鮭魚、起司、蛋、麵包、大小番茄、蘑菇馬鈴薯泥、火腿、洋菇、牛奶、橘子；再前往亞洲超市買泰式泡麵、濃湯包、郵票。

回家後，我負責處理蘑菇馬鈴薯泥、煮泰式泡麵、洗各種食材、番茄炒蛋備料，宇翎和孟桉則用了濃湯、煎鮭魚、炒番茄炒蛋。

「好溫馨！」將所有煮好的食物放在盤中擺盤後，我們一口氣端到客廳桌上，接著三人開始拍照，直到我吶喊食物要涼了，大家才停下動作，開始吃飯。

「蘑菇馬鈴薯泥太好吃了，李慕盈妳是怎麼做的啊？」

「微波一分半吧？」宇翎聽完後大笑。

「泰式泡麵加起士真的很罪惡！」孟桉說：「真的很好吃耶！」

「唯一失敗的就是濃湯了。」宇翎說：「這濃湯不知道是加太多水，還是哪個環節出問題，總之就沒什麼味道。」

「我替我加進去的洋菇感到不值。」孟桉難過地說。

「陳孟桉炒得番茄炒蛋真的很好吃欸！」我稱讚：「還有煎的鮭魚！」

「哈哈那個鮭魚，我煎差不多也是一分半吧？它本來就熟的。」

「謝謝大家做的晚餐。」平常做最多事的宇翎，難得可以如此清閒。

• •

隔天一早，我看了看時間，再看向旁邊睡到疊在一起的雙胞胎，昨天我們三個人一起睡在雙人床上，意外地並不會很擠，距離我們要和大家集合的時間只剩一小時，我快速起床、刷牙洗臉。

我前往廚房準備幫大家準備早餐，將剩餘的蛋炒了炒，再將麵包、起司、火腿擺盤在盤上，放了三個杯子、一大瓶牛奶、四個不同口味的茶包，並再度剝了剝橘子，我來歐洲後好像每天都在剝橘子、吃橘子，剝的速度一天比一天快，如果能辦個剝橘子大賽，我就算不是第一名，也能前三吧？

「哇！妳在幹嘛？」宇翎揉著眼睛，看到餐桌上擺滿的食物，浮誇地說：「媽媽！我起床吃早餐了。」

「把孟桉也叫起床吧！」

「知道了媽媽！」宇翎不知道是還沒清醒，還是覺得很好玩，總之她衝進了房間，拉著搞不清楚狀況的孟桉出來：「快起床，不然媽媽會氣噗噗喔！」

「蛤？媽媽？李慕盈喔？哇！擺得好美耶！」孟桉看了看桌上的早餐，做的第一件事就是衝回房間裡，拿手機出來拍照：「這好溫馨耶！」

↑ 慕盈隔天特地早起擺好的早餐。

「對呀！我們好像一家人，好溫馨，一早還有媽媽準備早餐。」宇翎此時就像個孩子，坐上椅子，雙手合十：「我要開動了！」

接著我和宇翎開始組裝自己的三明治，我放了滿滿的蛋、一片火腿、一片起司，宇翎則是一次放了兩片火腿、一點點蛋、一片起司。

「我想要放很多起司！」一口氣拿了兩片起司，孟桉滿足地開始吃早餐。

所幸因為有提早起床用早餐，所以我們三人並沒有錯過集合時間，與其說是準時，不如說是遲到兩分鐘後，其他人過了三十分鐘後才陸續出現。

「怎只有三位姑娘？」氣喘吁吁跑來的四川作家，一看到我們就解釋：「他們處理住宿費的問題等會就來，咱們住的背包客旅館多收了一人頭費用。」

「沒事沒事，您們慢慢來！」看到四川作家想開水瓶卻打不開，我順手將水拿過來並幫忙打開瓶蓋。

「姑娘行行行，力氣挺大的嘛！謝啦！不要用您太客氣了，叫我沈大哥。」沈大哥說完就拿起水狂灌，一瞬間只剩一半的水，接著從口袋拿出手帕，擦擦身上的汗，並問我們：「老關、老曾還沒到啊？」

宇翎立刻指了不遠處的馬路：「我只看到紹威、珈蓉在過馬路。」才說完沒多久，後頭就傳出曾哥熟悉的笑聲，此時曾哥、關哥已站在沈大哥後面。

「誰跟你老關！都被你叫老了，明明沈老師你比我大兩歲。」關哥手上拿著一袋果汁：「來，大家要喝什麼自己拿，我請客。」

有蘋果汁、葡萄汁、柳橙汁、蔓越莓汁，我們各自挑好果汁後，紹威、珈蓉也到了。

「沈大哥！胡老弟跟太郎呢？」曾哥問了問四川作家。

「咱們被坑了住宿錢，他倆講道理去了，我們先歇會唄！」

「要不我們走去沈老師你們住宿的地方？他們應該還在那邊吧？」關哥拿起放在椅子上的一袋果汁，準備請沈大哥指路。

「免了，這不就來了嗎？在過馬路呢！」沈大哥從包包裡拿出了白色毛帽：「太郎小弟，你的帽子在我這裡，怎那麼糊塗，連東西都放錯包？」

「謝謝！謝謝！」太郎雖然會說中文，但還沒有說得很好，聽說中文是去台灣學的，所以講話也都柔柔的感覺。

「不好意思，讓大家久等了！」台灣作家簡單向大家打招呼，接著迅速地走到我們面前：「年輕人！昨天簡單跟妳們打過招呼記得嗎？後來我去借個廁所，上廁所回來後，妳們就已經離開了，還來不及問妳們住哪呢！」

台灣作家穿著顯眼的黃色羽絨衣，配著一頂森林系漁夫帽，背後的背包比所有人的都還要再大一些，雖然年紀不小了，卻很有時尚品味。

「老師好！我們住在附近而已，十分鐘的距離，大概是⋯⋯」在快速打招呼後，我打開訊息，開始尋找昨天房東傳給我的地址⋯⋯

「我沒要知道妳們昨晚住哪啦！是我沒問清楚，我是想問妳們哪裡人，台北、高雄、台南、台中、嘉義？」

「我們住台北。」宇翎回答。

「台北啊？我老家在嘉義，剛開始因為寫書，所以去台北租屋，但我很不習慣，台北物價很高。」

「對，物價很高，所以我們家大多都是在家煮飯！」宇翎笑著回答。

「雖然一餐費用比嘉義高上不少，但交通倒是挺方便的！」我笑著說。

「對，交通真的方便很多，妳們搭過台北到桃園的機捷嗎？我好一陣子沒回去了，上本台北旅遊書也是去年年中出的，去年年底我在香港租了一間套房，物價又比台北貴上不少，可能六月我會再搬回嘉義老家吧？」

「香港物價沒有高到哪吧？你看看雖然價格看起來是高的，但是東西品質好、低稅、不容易壞！」曾哥突然加入話題：「而且我們港片拍得可好了，優

點還是很多的！」

「當然啦！」台灣作家接著說：「對了，阿曾啊！你之前跟我說什麼來著？他們三個有位是你們要簽的作家吧？哪位？」

「胡老弟，昨天不是跟你介紹過了嗎？」不知怎麼的，曾哥看起來有點慌張，還對關哥露出了求救的眼神。

「胡老師，我們要簽約的作家是這位！」關哥接收到曾哥的求救訊號，特地走向前拍了拍我肩膀：「她之前是電視台節目企劃，對怎麼介紹美食、景點很有一套，也有經營自己的美食平台，年紀輕輕就很有想法。」

「現在都年輕人的時代了……」台灣作家嘆了一口很大的氣：「那妳負責寫哪裡的旅遊書？」

「還沒有決定！」曾哥很快地回答：「都還在討論，這趟旅行剛好就是要跟她討論一下書的內容。」

聽到這裡，我覺得有些不對勁，聽下來就像是曾哥、關哥還沒跟台灣作家講有找新作家，準備接替他的位置一樣……

「還沒主題討論什麼內容啊？別欺負人家妹妹，趕快跟她討論好要寫哪裡，這還是我第一次聽到要簽約，卻連書名、書的內容都沒討論的……」台灣作家似乎跟我有一樣的想法，他也覺得曾哥的反應怪怪的。

「現在都這樣，你也知道有些地方的旅遊書賣不好，臨時改主題、地區也是為了讓出版社可以賺錢呀！」曾哥故意皺著眉說：「胡老弟你也知道，這幾年書已經沒以前好賣了！」

「當然，拿到的版稅都沒以前多了，不用阿曾你說我也知道，現在的書越來越不好賣囉！」台灣作家接著說：「但有什麼辦法呢？我們還是要為了那些喜歡看書的人出書，還是很多人和我們一樣，喜歡新書的味道，拿到書時，總迫不急待翻閱一頁又一頁的故事，更沈迷在翻書的聲音中，那些都是電子書給不了的。」

「當然！」曾哥點頭表示同意。

「大家都到齊了吧？」關哥像導遊般的開始數人頭：「三胞胎、太郎、胡老師、沈老師、我們四個，沒錯，總共十人到齊……那就出發吧！」

＊＊＊＊＊＊＊＊＊＊＊＊＊＊＊＊＊＊＊＊＊＊＊

Turku 被譯為土庫或圖爾庫，是芬蘭第一座首都，也是芬蘭最古老的城市。

這裡有不少 13 世紀建造的城堡，曾發生多次戰爭和瘟疫，現在則為芬蘭主要港市，包含我們今天要搭的船也停靠在這裡；原本，我們第一個景點是打算前往土庫大學內的巨無霸圖書館，但很不幸的，剛好當天因整修而未開放，因此一行人便轉往圖爾庫大教堂參觀。

「這裡也可以叫土庫大教堂啦！」關哥説：「我昨天特別查了一下，今天是可以免費進去參觀的。」

「既然免費的話，那我就不客氣啦！」曾哥立刻往教堂的方向邁步：「走呀！大夥一起去，進去後就別説話了，教堂內肅靜知道不？」

「阿曾能安靜我就放心了。」穿著一身黃色羽絨衣的胡老師開玩笑地説：「都忘了，沈大哥也挺吵！」

「胡老弟説啥呢？太郎安靜咱們才能放心！」沈大哥拍了拍太郎的肩膀，這一拍讓原本恍神的日本作家太郎嚇了一大跳。

「什麼！剛剛在説我什麼壞話？我很安靜的，安靜安靜！」太郎立刻反駁，但因為中文本身不流利，而降低不少殺傷力。

圖爾庫大教堂外觀有 101 公尺高，仔細看的話上面還有些彈痕，甚至累積不少修補痕跡，雖外觀細節有些不對稱，但整體來説很壯麗、高雅；從遠處看就能看見，是土庫最有名的代表建築之一。

進入教堂後，大家瞬間鴉雀無聲，就連腳步都放輕，連拿著單眼相機的太郎都用眼神示意大家，他不敢按下快門怕有聲音，所幸珈蓉剛好經過，幫他將相機調成靜音。

進入教堂後，往天花板望去，白色天花板有許多交錯線條，不僅高聳、優雅且亂中有序；左右兩面牆壁，布滿了許多壁畫，其中有兩幅與芬蘭歷史相關，包含首任主教亨利，為芬蘭第一位基督徒受洗的畫面，剩下幾幅畫則均與耶穌相關。

　　「哈啾！」突如其來的噴嚏聲，吸引眾人的目光，並轉移到她身上，而發出聲音的主人默默蹲下身，以為這樣就不會有人發現她。

　　「拿去！」宇翎將衛生紙遞過去。

　　「謝謝……哈啾！」發出聲音的主人原本說話用氣音，但噴嚏聲卻徹底破壞了她的努力。

　　「噓噓噓噓噓噓！」珈蓉和紹威故意走到她旁邊叫她安靜點。

　　「好……」拚命打噴嚏的兇手孟桉，此時蹲在地上滿臉委屈：「我努力……」

　　「走吧？我們先出去再進來！」似笑非笑的將地上的孟桉抓起來，我陪她走到外面。

　　「肯定是因為肚子餓才打噴嚏的。」摸摸她的頭，我笑著說。

⬆ 夕陽照在土庫的街道上。

「不，打噴嚏跟肚子餓有什麼關係……哈啾！」

「那就是有人講妳壞話！」我開了一包新的衛生紙，順手丟給孟桉。

「一定是，我從昨天開始就覺得怪怪的。」沒想到孟桉很認真的開始跟我分析，她到底為什麼從昨天就覺得怪怪的，一分析就十分鐘過去了，大家都出來了她還在講。

「姑娘，天氣太冷感冒了嗎？」沈大哥身為十人裡年紀最長的人，一出來就關心孟桉。

「沒有，應該是過敏，進到教堂後就沒有風在吹，鼻子一時不習慣，我沒事，謝謝大家的關心！」孟桉不好意思地抓了抓自己的手，因受到大家注目而明顯害羞。

而很快的珈蓉成功救了她，且吸引了大家的注意。「兩小時後就要前往港口搭維京客輪囉！」珈蓉提醒大家：「要提早三十分鐘到！」

「大家要看好時間才行。」紹威附和。

「好勒！」聽到只剩兩小時就要前往港口，沈大哥率先往前走。

大家一起沿著奧拉河河岸散步，途中經過不少暖色系建築，路途中更出現不少有趣的商店，包含藝術品、手工藝、咖啡，甚至還有書局、糖果店，時間很快就過去了，我們也順利的提早抵達港口，準備搭船前往瑞典。

前往瑞典的船有很多種，我們選擇的是最便宜的過夜船維京客輪 Viking Line；這艘郵輪雖然沒有游泳池、賭場，但船上有兩、三家餐廳和一間很大間免稅紀念品店、兒童遊戲區、小酒吧，大家一上船後就各自解散。

我們三人簡單買了晚餐、逛了逛遊輪，將所有設施都看了一遍、逛完免稅店後，就回客房休息。

主要是因為孟桉、宇翎都有點暈船，明天還要早起的關係。

1 2
3 4
5 6

1 曾哥幫三胞胎拍的合照。　2 停擺在街道旁的船隻。
3 在土庫會讓人不自覺地放慢步調。　4 過夜船維京客輪 Viking Line。
5 沿途的風景。　6 剛抵達瑞典的景色。

05

像個孩子有什麼不好，少了煩惱、壓力、枷鎖，反
而讓我們突破既有的框架及想像，曾幾何時我們創
造了形狀、空間、顏色、大小，而失去了與現實完
全相反的美好景象？

與海鷗
的心靈溝通

SVERIGE, STOCKHOLM

瑞典｜斯德哥爾摩

· Stockholm

旅途中：

有開心、有悲傷，也迎來夢碎

抵達瑞典的第一個早晨並沒有想像中的平靜。

「快點起床！」我推了推孟桉、宇翎，並殘忍的開燈：「已經九點二十了，再十分鐘就要下船了！」

「我眼睛睜不開……」孟桉將身上的外套蓋到眼睛上，接著連動都不動。

「頭好暈喔……」宇翎皺著眉頭。

「快點，不要讓別人等我們……」意識到自己來這趟旅行後，變得像嘮叨的母親，我有些無奈。將兩人能直接塞進包包的東西都幫忙放進去後，我再次吶喊：「快起床刷牙、洗臉、收東西，再不起來我就把妳們丟下了喔！」

「妳不會！我們太可愛了，妳捨不得丟下我們。」宇翎好不容易張開眼睛，開始穿襪子。

「對！妳捨不得跟我們分開，妳愛我們！」孟桉雖然回話了，但依舊一動也不動。我將旁邊的枕頭拿起來，準備一早就和她們玩枕頭大戰。

「我起床了！我起床了！我起床了！」連講三次，看到我高舉著枕頭，宇翎快速的起床刷牙、洗臉。

「嗚！」孟桉則在我瘋狂拿枕頭拍打後，快速跳起來，這一跳不得了，直接撞上天花板。

「妳忘記妳在上鋪喔？哈哈哈哈哈！」我毫不留情的狂笑。

「痛……對，我忘記了嗚嗚嗚嗚嗚……李慕盈我頭好痛。」

「快起來啦！」我吶喊：「剩四分鐘就要下船了，不是下床喔！是下船。」

「好啦！我趕快去刷牙。」接著孟桉快速的下床，去和宇翎擠廁所。

多虧有很多遊客要下船，才讓我們在遲到五分鐘的情況下，與其他人差不多時間上岸。

「我差點以為妳們還沒起床……」紹威牽著珈蓉的手，試圖幫珈蓉拿手上的外套。

「哈哈……」宇翎、孟桉心虛地傻笑。

從下船到住宿的地方，大約步行了 25 分鐘，路途中不僅不小心逆向走在馬路上，還走錯兩、三條路，總之最後我們到了一間不錯的旅館，看起來就像住在洞穴裡，很有北歐風的風格，除了有公共廚房、客廳，我們還意外包棟；因為人數總共有十個人，所以在抵達時，管家和我們說可以不用管門禁時間，無論什麼時間想用公共空間都可以，且因人數太多，所以讓我們包棟，這幾天不會再有其他旅客入住。

「放好各自行李後，到外面沙發集合！」關哥獨自一人往最裡面唯一一間單人房衝去，看來這幾天跟曾哥睡，讓他很絕望。而我們三胞胎自然而然又住同一間，原本珈蓉想要跟我們一起住，但曾哥堅持兩人房要讓紹威、珈蓉一起住，因此珈蓉看似勉為其難，實際開心無比的和紹威一起去隔壁房。

台灣、四川、日本作家則是臉都垮了下來，這樣代表他們必須跟曾哥同房，不知是錯覺還是幻覺，總覺得太郎委屈到眼角泛淚。

「來到瑞典第一件事就是要逛老城，三胞胎妳們有在寄明信片吧？這裡的郵票不一樣，要去便利商店或超市買喔！」台灣作家胡老師好心提醒。

「好！」我們三人齊聲回答。

從住宿的地方一走出去，過一條小巷就來到老城最熱鬧的一條大街，路上掛滿了瑞典國旗，還有滿滿的紀念品店。

「雖然說，還有好幾天不應該買紀念品增加重量，但紹威你看！這個小矮人真的好可愛，我想買兩個湊一組。」

在瑞典有個傳說，小矮人其實是聖誕老人的前身，也因此瑞典很多紀念品店都販售各種小矮人，從娃娃、公仔、水晶球到磁鐵、木雕都有。

「不要啦！它晚上都一直看著妳，好恐怖！」紹威開玩笑地說：「之前啊！我看過一個鬼故事……」

「閉上你的臭嘴！我不想聽，不准你汙衊凱瑟琳和約瑟夫！」珈蓉邊說邊前往櫃檯結帳。

「什麼？都取好名字了？」紹威知道阻止不了珈蓉，主動拿起自己的錢包幫忙付錢，這個舉動閃瞎了我們所有人。

「咱們一把年紀了，都還沒結婚有個歸屬，現在年輕人的動作快上不少……」沈大哥仰天長嘆。

「沈老師不是結婚又離婚了嗎？」關哥脫口而出。

「你這兔崽子！別以為你是董事長就能欺人太甚！」沈大哥順手拿起自己揉成一捲的地圖，拍打關哥的頭。

「沈老師，出版社董事長有什麼了不起？您可是大集團的董事長，誰招惹得起！」關哥笑著說。

「你看堂堂董事長願意當作家的，天底下還有多少？」沈大哥明顯軟化，任誰都看得出他心情很好。

「別嚇壞我們三胞胎了，你看她們都愣住了，哈哈哈哈哈哈！」曾哥聳了聳肩：「現在這年頭要當作家，也要有其他副業才行，慕盈妳看看，人家沈大哥是集團董事長；太郎在日本也有要繼承的三間茶室；至於胡老弟他在那邊裝窮，誰不知道他表哥是某家知名航空公司的董事，別小看他啊！」

「什麼！」我驚訝：「你們出版社是怎麼回事？每個作家身分都這麼特別！」

「哈哈哈哈哈哈哈哈！」曾哥大笑：「你們居民身分證明書拿來！」

「身分證嗎？」我總是被曾哥的招牌笑聲嚇到。

「應該是台灣的戶籍謄本這種東西吧？」宇翎猜測。

「別鬧了，跟人家要居民身分證幹嘛？準備詐騙是不是？」關哥等珈蓉結完帳後，很開心的跟大家宣布：「前面有一家華夫餅冰淇淋，聽說很有名，我請大家吃！」

「耶！Boss 最棒了！」紹威、珈蓉歡呼。

Ben & Jerry's Gamla Stan 是斯德哥爾摩老城街道上很有名的冰淇淋華夫餅店，而華夫餅在台灣大多被稱為雞蛋仔，這家店的裝潢很特別，除了有許多牛的圖案，店門口還有大大透明櫥窗，裡面放滿各種華夫餅，淋上巧克力醬、草莓醬、彩虹巧克力米的都有，遠遠的就能聞到香味，裡面的冰淇淋全都是鮮奶純手工做的，每一種口味都有牛奶，配上剛出爐的華夫餅特別好吃。

1 2　**1** Ben & Jerry's Gamla Stan 彩色甜筒。　**2** 超巨大的華夫餅。

「這一份也太大份了吧！」華夫餅本身就是一張臉的大小再捲起來，冰淇淋也很大顆，我們三胞胎決定三個人吃一份就好。

「妳們點什麼口味？」珈蓉靠過來：「我可以吃一口嗎？」

「好呀！我們點的是草莓起司蛋糕牛奶，好像是限定口味的樣子，我也不清楚……」我將手中的華夫餅冰淇淋遞過去，這一遞不得了，每個人都用湯匙挖了一口，這讓有點口水癖的我，在心裡催眠自己，大家都是用湯匙，不是用嘴巴不會有事。

「我們的是餅乾牛奶！要吃嗎？」珈蓉將華夫餅冰淇淋遞給孟桉、宇翎，她們很開心的就吃了起來。

「謝謝珈蓉姐！」我替她們兩個道謝。

「吃完冰淇淋後，大概就飽了……」台灣、日本、四川作家，也是三個人吃一份冰，而且還多加一球冰淇淋；說是這麼說，但其實胡老師、沈大哥只吃兩口而已，剩下的冰全是太郎一個人吃完的，他很喜歡吃甜食。

「這裡真的有很多特色老店，我還挺喜歡這些工藝品的。」關哥對瑞典老城上的店很滿意，每一間都會走進去。

雖然瑞典老城街道上大部分賣的是紀念品，但也有不少店賣二手的徽章、老舊郵票、裁縫機。

當大家進入一間又一間店時，我和孟桉、宇翎則在拍每家店的店家招牌，真的每一個都很可愛，很像電影裡才會出現的，且都是經過精心設計的，甚至有家以科幻為主題的書店，是用一隻龍、火箭當招牌，可愛到我忍不住進去逛，沒想到進去後根本離不開，裡面居然賣的是哈利波特、漫威周邊商品。

3 4　3 將龍、火箭結合的特色招牌。 4 讓慕盈心動的哈利波特周邊。

「完蛋了，看來她要在這邊待很久……」宇翎在看到哈利波特周邊時，就知道我已經淪陷了。

「記得喔！現在買東西不知道要背多久喔！」孟桉開心地說：「原封不動把這句話送還給妳！」

「我不！我不會買的，我拍照就好。」天曉得我內心在淌血。

掙扎了三分鐘……實際上是十分鐘，我才空手離開這家店，強忍著淚水和委屈，等到我走出來時，大家已經不知道逛去哪了，於是我一間間的探頭看有沒有人在裡面，最先遇到的是太郎，太郎一看就知道跟我一樣被拋棄。

　　「人不見了！人不見了！」太郎很努力跟我表達他被大家拋棄。

　　「應該在前面，走一下就會看到了！」看著太郎慌張的樣子，我覺得有些好笑，接著我拉著太郎一起往前走，果真不到三分鐘就看到大家了。

　　「是壁畫欸！」我開心的走去一條都是壁畫的窄巷，太郎也一起跟在後面。

　　「李慕盈欸！」孟桉從窄巷裡跑出來抱住我：「我剛剛還在跟宇翎講説，妳等下找不到我們，或許會很慌張。」

　　「還好啦！我記得住宿的地方在哪裡，找不到妳們，我回去等妳們回來就好了。」

　　「妳看吧？她很獨立不用擔心她啦！」宇翎接著問：「其他人呢？」

　　「剛剛看到，在前面喝咖啡！」沒想到回答的人是太郎，他手上拿著相機興致勃勃地拍著牆上的壁畫，沒想到他跟我一樣很喜歡街頭壁畫。

　　接著我們四人輪流幫彼此跟壁畫拍照，大家都很開心，尤其是太郎。當所有人重新聚集在一起的時候，天色明顯要變暗了。

　　「這好可愛！這邊的郵箱也太可愛了吧！」我一時興奮，直接衝向前抱住郵筒。

　　「一邊是紅色的房子、一邊是黃色的！好可愛幫我拍照！」接著就擺起了拍照的姿勢，宇翎、孟桉在幫我拍完照後，也請太郎幫她們拍，我們在拍壁畫的時候，無意間發現太郎很會拍照。

　　到了晚餐時間，大家決定分開吃飯，分成兩組；台灣、四川作家、關哥、曾哥一組去瑞典知名酒吧，珈蓉、紹威、太郎和我們三胞胎決定隨便找一家店吃晚餐，最後選擇了一家裝潢簡單的便宜 Pizza 店。

　　歐洲的太陽很晚下山，都已經晚上八點了，才開始漸漸黃昏；吃完 Pizza

後，我們三人和大家約好在旅館見，決定散散步後再回去。孟桉是我們三人組裡，腦袋最特別的，散步途中她偶爾會抬頭看向天空發呆，導致我跟宇翎走到一半，都還要停下來等她。

　　過沒多久，孟桉默默走到河畔旁，融入一群海鷗中，接著張開她的雙手，像極《鐵達尼號》女主角被男主角從後面抱住的經典場面，此時，她突然學海鷗開始叫起來。

　　「李慕盈捏我一下，我在作夢嗎？」宇翎在旁邊看傻了眼，接著默默拿起手機露出邪惡笑容。

　　「也許吧！應該是作夢！」我也露出邪惡的笑容，拿起手機默默錄下這一切。

1 2 　　**1** 讓人印象深刻的瑞典哥德式建築。　**2** 滿滿的街頭壁畫。
3 4 　　**3** 隨處一走遇到的可愛郵筒。　**4** 一邊走一邊學海鷗叫的孟桉。

「妳在幹嘛？」過一會宇翎笑著問孟桉。

「我在跟牠們説話！」孟桉回答。

之後不知道過了多久，孟桉好不容易回到現實世界。

「妳們幹嘛？妳們在錄影喔？欸妳們很壞欸！」

「妳跟海鷗説了什麼？」我大笑。

「一定是她來歐洲後上幾次大號吧！」宇翎也跟著大笑。

在與海鷗心靈溝通後，接著孟桉租了一台電動滑板車，一邊滑一邊叫。

「她到底怎麼了？」每當孟桉做出詭異的行為時，我們都會一邊覺得她很可愛，一邊沒水準的把那個畫面錄下來。

「被什麼附身了吧？」宇翎笑到肚子很痛。

沒想到第一天在瑞典，最後的行程，居然是看孟桉邊滑電動滑板車邊學海鷗叫。

↑ 瑞士首都斯德哥爾摩。

旅途中爭吵是無法避免的，每次爭吵後，看似理所當然的和好，其實存在著彼此一次又一次的讓步，因為我愛你，所以沒關係。

白目兩人組

SVERIGE, STOCKHOLM

瑞典｜斯德哥爾摩

· Stockholm

旅途中：

有開心、有悲傷，也迎來夢碎

在瑞典的第三天，大家決定自由活動，起因是因為一半以上的人都還沒酒醒。不過因為我和宇翎、孟桉昨晚去酒吧時，都只點果汁，所以我們三人完全不受影響。

今天的宇翎跟平常不一樣，帶有滿滿的殺氣，至少在中午的時候是這樣的。首先孟桉去上了兩次廁所，來餐廳時上一次、吃完後再上一次，可能中間還有講說想上廁所之類的話；接下來是我去上廁所，一個來到歐洲後就便祕的可憐孩子，這次依然沒有成功上出大號，只有小號而已。正當鬱卒，覺得自己真的便祕，並從廁所走出來時，看到了這副景象。

「所以我說到底要在這間餐廳待多久？一直上！一直上！」宇翎雖然沒有對我們大吼，但語氣聽起來很不開心。

「我也不知道我怎麼了，肚子都是大便……」孟桉一副楚楚可憐的模樣。

「妳去吃大便啦！一直都大便，自己講……這次出來上了多少次廁所？」宇翎突然很生氣：「一直大便就算了，每隔一下講一次，妳們很奇怪耶！」

等下，我很確定聽到的不是妳，而是妳們……

莫非我難得上一次廁所做錯事了嗎？來到歐洲後，我好像是上最少次廁所的孩子……

「不生氣不生氣！宇翎消氣。」剛從廁所出來的我非常尷尬，連忙道歉：「對不起啦！我以為我上廁所上很快。」

「不是啊？就一直上廁所，時間都浪費在廁所上！」宇翎氣到不行：「好了啦！趕快結帳走人，看看等下要去哪裡。」

走在路上時，好一陣子宇翎獨自走在前面，孟桉則是委屈的走在我旁邊，一臉「妳不救我，沒人救我」、「她不理我，妳別不理我」的表情。

我受到了不少驚嚇，根據我的記憶，我在上廁所前看到的最後畫面，是孟桉跟宇翎有說有笑的樣子，怎麼我上廁所出來後，一切就變了調？

「江宇翎！妳真的不理我們喔？」過了十分鐘，只見宇翎越走越快，孟桉趕緊拉住宇翎的手。但宇翎卻頭也不回地繼續往前走……

「啊！是遊樂園的廣告耶！沒想到瑞典也有遊樂園，而且設施好像蠻好玩的。」與其說是分心，不如說是試圖改變氣氛，我手指向廣告。

「江宇翎！妳再不理我們，我們就要去遊樂園了喔！」沒想到反而造成了反效果，我們孟桉毫不怕死的直接對宇翎這樣說。

接著，宇翎直接扭頭就走。

「等一下啦！妳要去哪裡？」孟桉再次抓住宇翎的手。

「我沒有要去哪裡，我就想隨便走走，妳們也可以去其他地方，我晚點再跟妳們碰面！」宇翎試著讓自己的語氣聽起來沒有生氣，但很明顯的她現在很不爽，超級不爽的那種。

「我們一起！」我也往前抓著她：「別生氣，看妳要去哪，我們安靜跟在妳後面。」

「不是呀？就不用一起走啊！我覺得出來玩就不用總是三個人黏在一起，想去哪就去哪，分開來再集合就好。」看出宇翎越來越不爽後，最後我和孟桉只好先跟她分開，一方面是因為我們超白目，不小心被遊樂園廣告吸引了；另一方面是因為我們還算了解宇翎，她現在想要獨處，不想要我們跟在她後面。

「那我們約晚餐時間見喔？」孟桉小心翼翼地說。

「嗯，再聯絡！」接著宇翎加快腳步往前走，沒過多久就離開我們的視線，如果是孟桉的話我還不放心，但宇翎一個人走，我就挺放心的，因為她真的很獨立。

「好吧！剩我們了……」我哀愁的看著孟桉：「妳覺得她會氣多久？」

「一輩子吧！」孟桉看著宇翎離開的方向，活像是被媽媽丟棄的小孩：「或者一下就好了。」

「然後她會說她沒有生氣，她只是覺得不用三個人都黏在一起！也許只是也許啦！可能她現在已經後悔離開我們兩個小可愛了。」我開玩笑地說。

「嘿嘿對呀！那我們要去哪？遊樂園嗎？」孟桉問我。

「我看看喔……遊樂園今天剛好沒開，那去妳一直想去的 Outlet 好了！但我怕妳亂買東西，不行……還是不要讓妳去好了。」正當我猶豫的時候，孟桉在旁邊跳來跳去：「拜託啦！我想去！拜託！李慕盈走啦！」

「好啦！」於是在宇翎生氣離去後，白目兩人組決定前往 Stockholm Quality Outlet，離市中心大約三十五分鐘的車程，旁邊還有 IKEA。

「Happy Socks 在這裡！」在前往 Outlet 的途中，我和孟桉查了查必逛的店有哪些，其中有一家是襪子店，聽說店裡賣了許多可愛襪子，於是到了 Outlet 後，我們第一件事就是去找它……這可是我們唯一能讓宇翎消氣的機會，千萬不可以搞砸。

「妳拍好了嗎？」孟桉在旁邊問。

「嗯嗯！拍好了，也傳出去了！」我拍了一堆襪子的照片，傳到我們三個人的群組，並標記了宇翎。

「她看到了嗎？」孟桉問。

「有已讀 1 耶，是妳嗎？」

「不是我！」孟桉搖搖頭。

「……」接著我們兩人都將視線放在手機訊息上，直到有其他客人進來，才發現我們居然擋在店門口整整三分鐘，我們和店員說了聲抱歉。

「回了！」當宇翎傳送貼圖時，我們兩人異口同聲的吶喊。

「她說好像都還好，沒有喜歡的……是真的沒喜歡還是在生氣？」孟桉很納悶。

「應該是真的沒有喜歡的吧？我記得她都穿比較短的襪子，Happy Socks 的襪子對她來說可能有點太長。」

「好吧……」

「別擔心！她有傳貼圖，應該還可以啦！」

接著我們意外發現宇翎的愛牌 Haglofs 也有在這間 Outlet 設櫃，她特別喜歡它們家的防風衣，因為可以防水同時也可以擋風，總之性能好像很不錯，重點是這家店在其他地方都沒看到有在打折，在這裡卻有六折的優惠，實在很便宜，就連平常不穿防風衣的我也很心動，孟桉看到簡直瘋了，立刻拍了照片傳給宇翎，而這招確實奏效了，宇翎明顯心軟了，開始跟我們約吃晚餐的時間，剛好曾哥他們也終於酒醒不頭痛、恢復活力，於是大家決定一起約在瑞典有名的 Östermalmstorg Saluhall 市場吃晚餐，孟桉則在帶了兩件 Haglofs 防風衣後，心滿意足的離開 Outlet。

Östermalmstorg Saluhall 市場是我來到瑞典後就一直想去的地方，因為聽說裡面有很多少見的食材，還有多種口味的肉丸子，肉丸子一直都是來瑞典必吃的食物，在離開 Outlet 後，我和孟桉立刻搭上巴士，準備去和大家碰面。

「之後我們再帶妳去一次 Outlet，讓妳逛 Haglofs！」孟桉一看到宇翎就衝過去擁抱。

「都來瑞典了，我才不要去 Outlet，要去妳們自己去。」宇翎賭氣地説。肯定是原本氣消，但又看到我們的臉，讓她很煩躁吧？沒想到 Haglofs 也無法赦免我們的罪，都怪我們太白目。

來到 Östermalmstorg Saluhall 市場我們立刻找到我觀望很久的肉丸店，這家店除了販售肉丸子以外，還有賣紅酒馴鹿肉，上面不僅放了滿滿香料，還有打碎胡椒和鮮奶油做成的手工馬鈴薯泥，我們十個人，共點了兩份紅酒馴鹿肉大家一起分享，曾哥還請大家吃肉丸子。

為了讓宇翎消氣，我和孟桉搶著付錢請她吃晚餐，座位並沒有很多，因為我們三胞胎年紀最小，所以用外帶的方式享用這頓美味餐點，雖然所謂的外帶，只是將瓷盤改成紙盤而已。

吃完飯後，大家慢慢散步回住宿的地方，打算明天來趟地鐵之旅。而宇

翎也在晚上睡覺前跟我們說：「欸……我今天沒有生氣喔……我就單純想要自己晃一晃而已。」

快睡著的我和孟桉，超有默契的直接坐起身：「是我們太白目！非常抱歉！」

「沒有啦！沒事。」宇翎有點尷尬的翻身背對我們。

「對了，妳今天去哪裡？」

「哪裡都沒有去，去了教堂，結果沒開放，所以就去看看地鐵……結果沒想到我們明天也要去逛地鐵，早知道先去其他地方……」

「沒事沒事，我們明天帶妳去玩！」我們和宇翎保證。

1 **2** ❶Happy Socks 內的可愛襪子。 ❷ 前往 Östermalmstorg Saluhall 市場的路上。
3 **4** ❸Östermalmstorg Saluhall 市場內。 ❹ 紅酒馴鹿肉、瑞典知名肉丸。

創作是沒有框架的，拋開認知的形狀、色彩，丟棄所有的風格、方向，所謂的「獨特」是獨一無二，能被列為藝術的真正作品。

被炸彈炸出的地鐵

SVERIGE, STOCKHOLM

瑞典 | 斯德哥爾摩

· Stockholm

旅途中：
有開心、有悲傷，也迎來夢碎

早上去完位於超大圓形煙囪，擁有三層 360 度書架的瑞典斯德哥爾摩公共圖書館後，我們便前往地鐵站，打算來趟地鐵之旅。

⬆ 斯德哥爾摩公共圖書館。

　　「這裡的地鐵是被炸彈炸出來的！」曾哥浮誇的將雙手打開：「全部都是！」

　　「哪一個地鐵不是先用炸彈炸出來的？」關哥忍不住吐槽。

　　「不一樣！你有看過被炸得這麼好看的地鐵嗎？」曾哥惱羞：「反正這裡的地鐵站很有特色就是了！」

　　「有全世界最長地下藝廊的美稱，可以說是全世界最有特色的地鐵！」我興奮地說：「有很多的壁畫！」

　　「聽太郎說妳很喜歡壁畫？」胡老師走向前：「那台灣的壁畫村，妳大概都有去過吧？」

　　「對，因為我很喜歡一些藝術相關的東西，對我來說，壁畫更讓我能感受到創作者的熱情，自由噴漆、塗上色彩，自然而然作品就會呈現創作者本身的風格、特色，我特別喜歡觀賞這些作品！」我雙眼發亮地說。

「是嗎？那我們還算挺投緣的，我也挺喜歡壁畫的，雖然沒去過很多壁畫村，但至少也去過三、四個吧？我最喜歡的還是台中的彩虹眷村，個人熱愛那種色彩鮮豔的作品。」

「我也有去過彩虹眷村！」珈蓉很開心地說：「我之前去台灣玩，還特地為了彩虹眷村搭車去台中，當天來回喔！」

「哇！來回車程大概就至少五小時了！」孟桉忍不住拍手：「太厲害了！」

「因為那天早上我去寶藏巖國際藝術村，發現壁畫比我想像中的還要少，所以一時興起，就拉著紹威一起衝台中，就為了去彩虹眷村拍照。」

「這又是件有苦說不出的往事……」紹威很委屈：「妳們知道我們那天晚上八點的班機嗎？我們真的差點趕不上。」

「哪那麼誇張？」珈蓉立刻敲紹威的頭：「明明我們還提早三十分鐘到！」

「拜託！搭飛機要提早一小時到好嗎？而且我們會提早三十分鐘是因為飛機剛好也延誤十五分鐘，不然我們怎麼可能上得了飛機。」

「總之……這是段開心的回憶。」珈蓉做出最後結論。

「沈大哥呢？」胡老師一直到現在才發現沈大哥不在，明明他們睡同一間房間。

「去找好朋友！」太郎努力地用中文解釋：「找好朋友來玩！」

「我怎麼突然有種背涼涼的感覺……」胡老師驚恐。

「沈大哥說他朋友剛好也在瑞典旅行，去敘敘舊、喝酒！」曾哥解釋。

「又喝酒？我們這幾天喝得還不夠嗎？看看昨天，幾乎晚上才出來！」關哥感慨：「看來他明天又要起不來了！」

「哈哈哈哈哈哈哈哈哈哈哈！這才是人生！」在整個地鐵充滿曾哥的招牌笑聲後，我們開始搭地鐵，斯德哥爾摩的每站地鐵都很有特色，會有不同的手繪插畫、主題，其中呈現的方式也很多種，從彩繪、雕塑、燈飾，一直到馬賽克、立體家具等各種元素都能加以裝飾。

地鐵總共有七條行徑路線，總共分為藍、紅、綠三線，其中 110 個停靠站，超過 90 個車站展示 150 位藝術家作品，最漂亮且具有特色，並採用自然洞穴風格的地鐵，大多集中於藍、紅線。在一開始我們就先選擇前往「T-Centralen」站，這一站是斯德哥爾摩的中央車站，同時連結著藍、紅、綠三線，本身也非常有特色，可以說是瑞典地鐵最具代表的一站。

「藍、白色交錯！」每個人出站時，都驚呼一聲，除了昨天已經自己來趟地鐵之旅的宇翎。

月台牆上繪製不少花卉、蕨類，並且用大量的藍色鋪底，設計的藝術家曾經說過這樣設計，是為了讓人思緒清晰，在上班、平常忙碌的日常裡，也能透過藍色色調的設計，緩和壓力、讓人心靈平靜；搭手扶梯往上一層，還會看到許多在修築地鐵的工人，用藍色剪影的方式呈現，在行走的過程中，我們發現不少觀光客跟我們一樣，都拿著相機、手機拍照。

「阿江！妳昨天一路看下來最喜歡哪一站？」我在經過宇翎時，隨口問了一句，沒想到這個問題，吸引了大家的關注。

宇翎在所有人的視線下，略顯尷尬地說：「我覺得 Hallonbergen 站很可愛，呈現的方式很可愛，有很多彩色的小插圖……」

「好勒！我來看看……在藍線上，距離我們還有五站！」曾哥立刻看起地圖：「那我們等下先往藍線走好了！」

「藍線 T10 號線每一站都挺有特色的，都可以看一下。」宇翎補充：「像是倒數第二站以野生動物為主題的 Tensta、倒數第四站用地圖彩色文字呈現的 3000 年至西元 1895 年間發生重大事件歷史的 Rissne，當然還有 Hallonbergen 下站的 Solna Centrum。」

「Solna Centrum 站我知道，我最期待那一站，好像用紅、綠兩色漆整個地鐵吧？我記得是以紅色日落代表天空、綠色代表瑞典森林，我對 Näckrosen 站也挺好奇的，聽說用了很多電影道具。」關哥說的同時，將我們要去的幾站都用麥克筆圈起來。

1	2
3	4
5	6

1 T-Centralen 站中央車站。　**2** Hallonbergen 車站。

3 Solna Centrum 車站的插圖。　**4** 途經 Näckrosen 車站。

5 Tensta 藍線倒數第二站。　**6** Kungsträdgården 站 (國王車站)。

Solna Centrum 車站。

「Solna Centrum 站的藝術家也畫了一些插圖，主要是想表達人類過度擴張人口、砍伐森林，導致生態破壞。」果然先來過就是不一樣，宇翎不僅拍了很多地鐵照，還將藝術家們的創作理念，大概記了下來。

「啊！知道了！」太郎用簡短的中文來表示，他懂為什麼這裡會被稱為國王車站，為了讓我們能夠理解，他直接放棄講中文，用日文慢慢地說明，並在說完的同時，看向聽得懂日文的胡老師。

胡老師幫忙翻譯：「他說他終於懂為什麼這裡被稱為國王車站，月台兩側有充滿斑駁斷裂的雕像、噴水池，感覺像中國的改朝換代……就是有戰爭過的痕跡啦！然後紅色部分結合了很多花朵、水瓶、沙發家具，讓他覺得有國王專屬圖書館的感覺。」

太郎用他獨特的方式來解讀藝術家為何會用這樣的方式創作，聽一聽覺得也挺合理的。

每個人都用自己的角度，在欣賞每一站的創作，試圖理解藝術家創作時的想法，同時也幫它們披上新的故事，試圖增添自己的色彩。

之後在剩餘的最後幾天，我們不但去喝超有名，有免費沙拉、麵包吃到飽的 Kajsas Fisk 招牌 Kajsas Fish Soup 魚湯，還逛了附近不少 Hötorgshalle 室內市集美食店，裡面不僅有各種鮭魚、魚子醬料理，還有很多無花果；離開那後，我和孟桉還帶大家去之前兩個人去過的 Stockholm Quality Outlet，每個人進去都像瘋了似的，沈大哥甚至完全放棄當背包客，大買特買，到最後還需要去郵局寄包裹回四川，至於宇翎也成功消氣正式原諒我和孟桉，我們帶她去逛她最愛的 Haglofs，她一口氣買了兩、三件，根據她的說法是要拿回去孝敬父母的，總之她那天非常開心，我和孟桉也正式對我們白目行為鬆了一口氣，去 Outlet 的那一天晚上，我們到 IKEA 吃瑞典肉丸大餐，這也是我第一次吃 IKEA 的肉丸。

1　　1 隱藏在 Hötorgshalle 室內市集的小店。
2　3　　2 必喝的 Kajsas Fisk 魚湯。 3 瑞典肉丸大餐。

偶爾拋開包袱開心享受人生，學會瘋狂地玩耍、放縱，也是人生中最重要的一刻。

瘋狂郵輪之旅

SVERIGE, STOCKHOLM

瑞典｜斯德哥爾摩

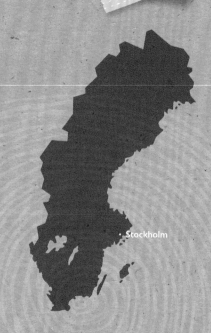

· Stockholm

旅途中：

有開心、有悲傷，也迎來夢碎

離開瑞典的最後一天，紹威、珈蓉、沈大哥決定前往法國，從瑞典到法國的船票居然打折打到只需台幣 150 元，這讓每個人都超心動，但因為法國開銷本身比波羅三小國高上不少，所以最後我們三胞胎決定前往愛沙尼亞、拉脫維亞、立陶宛，一去就直接多三個國家，聽起來也挺划算的，當然台灣作家胡老師、日本作家太郎、出版社董事長關哥、總編輯曾哥也決定前往三小國。

1 2　　**1** 上船前的三胞胎合照。　**2** 前往愛沙尼亞的船票。

　　這次瑞典開往愛沙尼亞的郵輪，明顯比我們從芬蘭搭的船還高級，不僅有餐廳、紀念品店、舞廳，甚至晚上還有高級酒吧、秀場可以看表演，按照慣例我們三胞胎一間房，台灣、日本作家一間、出版社關哥、曾哥一間房，不過在開船沒多久，曾哥就請我到他們的房間，說有事情想要跟我談談，於是我在放下行李後，就先去找他們了。

　　「怎麼樣？這趟旅行好玩不？跟妳說過會很自由對吧？妳看大家就是這樣，想去哪個國家就去哪個國家，之後再約碰面，不用有壓力的！」曾哥一看到我進門就說。

　　「走吧！我們請妳去吃頓晚餐，妳有跟雙胞胎說會跟我們吃飯嗎？」關哥真的身高挺高，站起來感覺都要碰到天花板了。

　　「我傳訊息跟她們說一聲就可以了！」其實我以為只是要過來聊聊，不知道要一起吃飯。

關哥、曾哥超級大方，毫不猶豫就請我吃郵輪上的自助餐，這讓我超級緊張，因為我不知道他們到底想跟我談什麼。

　　「終於可以好好跟妳談談，妳應該有發現……」

　　「你先讓她拿餐吧？慕盈妳先去拿餐，不要覺得約束。」關哥打斷曾哥的話，於是我立刻點點頭，笨手笨腳的前往拿餐，還不忘一次拿多一點，減少他們講話講到一半，我還起身拿餐的尷尬場面。

　　「拿完餐了嗎？」回到座位，看到桌上擺滿許多食物，除了各自的餐點，關哥還提前拿了水果、甜點放在桌上，果然大家都有吃自助餐有點不方便的想法，我趕緊點點頭，表示自己拿完餐點。

1 2 **1** 看起來超高級的巨大郵輪。 **2** 各自拿喜愛的餐點。

　　「其實，只是想簡單找妳聊聊，除了多了解妳，也想跟妳正式介紹我們的出版社，算是遲來的面談吧？」關哥笑著說。

　　「啊！打斷一下你們的談話，我要繼續我剛剛沒說完的話題，不然等會忘記就絕了！」曾哥露出浮誇的表情。

　　「好好好……你說唄！」關哥苦笑。

　　「台灣作家並不知道妳是要寫台灣的書，我們還沒有機會跟他講清楚，所以之前才說先跟妳簽約，之後再談要寫哪裡，但很明顯的這個說法他並不採

信，不知道胡老弟有沒有來問過妳？」曾哥一臉尷尬，一旁的關哥則看得出來很不高興。

「胡老師還沒來問過我，但從我們對話的方式看，我覺得他可能也已經知道我是要寫台北了。」

「阿曾！我之前就跟你講過這種事不該再發生，怎麼會沒有先講好？先斬後奏是不對的，如果今天胡老師說要繼續續約，那慕盈怎麼辦？叫她簽約後去寫其他地區嗎？」

「不是，阿關我跟你說過，胡老弟從三個月前就很明確的說，他不會再寫下本旅遊書，他要退休……」這是第一次曾哥在我面前擺出嚴肅的表情。

「那你有什麼好不直接說的？就直接跟胡老師明講，慕盈是我們新任的台灣作家就好了，他都要退休了，還會在意嗎？」關哥表示不解。

眼看他們兩人對話，一來一往、不分上下，身為話題主角之一的我，不免有些尷尬，想要假裝很自在的吃飯，但又怕顯得有些沒禮貌；我只好坐直，拿起前方的杯子假裝想要喝水。

「您身為我們出版社的董事長，平常只有在新書發表會的時候才會看心情出現，又沒有真正的跟每位作家相處，九、十年的合作了，胡老弟的個性您還不知道嗎？」曾哥明顯走心，連「您」字都出現了，還抬高了不少音量。

「阿曾這就是你的不對了，既然你覺得胡老師會不高興，那你就不該這樣安排事情……慕盈，不好意思呀！讓妳看笑話了，我們就是這樣，有時候講一講會忘記旁邊有人，妳不要太在意。」

天啊！怎麼可能不在意，這段對話聽下來就是曾哥沒有跟胡老師說我是他們找來的新任台灣作家，這件事如果被胡老師知道了，肯定會很生曾哥、關哥的氣，說不定還看我不順眼，我還跟過來這趟旅行，這不就顯得我很不尊重他嗎？莫名有點篡位的感覺，我來的時候，以為他們都已經講好了，原來還沒有攤開來講清楚，這下尷尬了。

「慕盈，這件事讓阿曾跟胡老師去處理，這不是妳的問題，今晚找妳出來

談談，除了要告訴妳目前有這樣的小狀況外，還想跟妳介紹一下我們出版社，當然也想知道妳要用什麼的方式跟我們合作，像是給妳多少稿費、預計合作幾本。」

　　於是關哥、曾哥和我簡單的介紹出版社，包含他們是怎麼運作的，之後我該如何交件，以及一間餐廳該給多少張照片，和呈現方式有哪些。

　　「那麼，我很好奇，為什麼妳會想當作家呢？」關哥又問了一次這個問題，這也是很多人問過我的問題。

　　「我從小就想當作家，在國中的時候，我就很喜歡看小說，心情不好的時候打開書，才短短不過幾秒的時間，我就能進入另一個世界，書對於我們這些沒有魔法的平凡人來說，有治癒的力量。」

　　「哈哈哈哈哈哈！我也這麼覺得！」曾哥表示認同。

　　「每個人小時候，都會覺得自己或許是特別的，看著書中那些擁有魔法、力量、夢想的人，都以為自己可能某一天，也能成功，或獲得什麼，但現實很殘酷，如果世界上每個人都那麼的厲害，成功的人士不會那麼少，雖然本來每個人就是獨一無二的……」

　　「那妳可以做很多事，為什麼選擇作家呢？」關哥似乎覺得我的回答很有趣。「對呀！雖然妳給我們的自薦信裡都有寫了，但我們還是想要用面對面的方式更了解妳。」曾哥補充。

　　「老實說……我是一個很沒自信的人，從小學習不好，總是在音樂、體育這種不是學科的科目上才表現不錯，以前我很瘦跑很快，在國小三年級時是全班跑最快的女孩，就連男生都跑得比我慢，那時候我曾想過未來要當體育老師；國中的時候參加合唱團是合唱團團長，在那之前每次學習樂器時，也學得比別人快，覺得自己有天賦想要當歌手、音樂家；國二時也因為很愛看小說，想要出書所以自費出版三本書，甚至投稿到出版社，想成為台灣最年輕的小說家，結果後來投稿失敗了……仔細想想，我總是在覺得自己擅長什麼的時候，就決定自己的夢想要做什麼，只要是自己做得好的地方，我就會產生興趣，有種既然我這裡做得好，那我未來也一定能做好的錯覺。」

「怎麼會是錯覺呢？妳不是做得挺好的嗎？」關哥好奇的問。

「我後來變胖後就沒有跑很快了，所以不能當體育老師；我國中的時候曾經為了要考藝術學校去上課，教我唱歌的老師跟我說，我唱歌挺好聽的，也很有天賦，聲音也很亮，但就沒有特色，建議我朝歌劇發展；後來我想當小說家寫書投稿，在最後階段就被刷了下來……」

「我必須誇獎妳一下，妳準備的履歷、自薦書、作品是我們看過最有特色的，當時阿曾看完後傳給我，我們都很開心覺得挖到寶藏了，妳要對自己有自信點！」

「其實，我也是在電視台當節目企劃後，才重新找回要當作家的夢想，之前都不敢想，後來覺得能當旅遊作家介紹台北，是一件很棒的事。」

「從小說家變成旅遊作家也挺好的，倒是妳也別放棄當小說家的夢想，有一天妳會成功的，相信我！」曾哥替我打氣的同時，手一揮不小心將杯子打翻，我和關哥趕緊手忙腳亂的幫忙擦桌子。

「你呀！一把年紀了還總是闖禍，像孩子一樣。」關哥幫忙擦完桌子後，拍了拍曾哥的肩膀：「我看你這幾天再跟胡老師確認一次，看他是不是真的沒有要續約了，沒有的話就趕緊跟他說，新的駐台作家是慕盈，知道嗎？」

「我看時機說吧？」曾哥說：「但我有請法務那邊幫我擬合約了，這趟旅行結束前，會先傳電子檔給慕盈的。」

「好！那就這樣，正事談完，好好吃飯享受旅程！」關哥說完後，就起身去拿飲料，我也趕緊抓準時機站起來拿飲料，說真的透過這次的談話，真的有拉近跟曾哥、關哥的情誼，他們給我的感覺像是把我當一家人了，就連我平常的興趣、做過的工作、談過幾場戀愛都問了。

吃完飯後，已經過兩個小時了，我回去找孟桉、宇翎，一打開房門就聞到泡麵的味道。

「我的小作家，妳們談得如何？」門還沒關上，宇翎就問我。

「就大概談了一下之後要怎麼合作……不過我壓力挺大，因為曾哥說胡老師根本不知道我之後出書也要寫台北，出版社好像還瞞著他的樣子。」

「蛤？這也太尷尬了吧？」孟桉差點被泡麵嗆到：「這怎麼行？」

「對呀！現在什麼都不能做，關哥有提醒我之後胡老師問我的話，我要盡量避免講這個話題，我大概也只能見機行事了吧？」我惶恐：「我以為我在來之前，他們就已經有談好了，沒想到是這種情況，不過曾哥說會請法務開始擬和我的合約……然後透過今天晚餐，我算是有更了解關哥了，之前都不好意思跟關哥聊天，他好像也對我挺好奇的，今天算是正式認識了。」

「哈哈！都相處兩個禮拜多了，現在才算正式認識也太晚了吧？」宇翎大笑。

「我還是覺得好恐怖喔！」孟桉獨自幫我緊張：「別怕別怕，之後如果有什麼事，我跟阿江都在。」

「對呀！我跟呆竹可是特地陪妳來的耶！雖然我們三個人本來就要出來玩，但為了陪朋友簽約跑到歐洲當背包客的，就只有我們兩個會這樣了！」宇翎邊說邊指了指自己，想要我好好感謝她們。

「是呀！如果妳們現在不在，我肯定一個人緊張死，好啦！謝謝我的雙胞胎。」我立刻給她們大大的擁抱。等孟桉吃完泡麵後，我們三個人開始討論要去哪裡，這次搭的郵輪非常大，有很多好玩的活動，其中最讓我心動的就是晚上的表演秀，只要點一杯飲料就可以看整場表演。

「我覺得我們可以去看秀！」我提議。

「對！都到郵輪上了，一定要玩瘋才行，不然就太浪費了！」宇翎表示同意。

「不！我不！我好累……我想睡覺了。」標準的吃飽睡、睡飽吃，我們孟桉總是過得如此安逸。

「蛤？妳不去喔？」宇翎說：「妳不去的話，之後會後悔喔？」

「不去不去！我要睡覺！不想動了……」孟桉說完後就倒下，不到三分鐘

的時間，就出現了打呼聲，於是我和宇翎只好丟下她前往秀場。

「好像不用點飲料耶？是免費的嗎？」這裡的位置是兩個人共用一個桌子，我們坐在正中央前面，會場已經有好幾排都坐滿了，有些人也跟我們一樣剛入坐，很多桌子都沒有飲料，看來沒有強制消費的樣子。

前方舞台已經有人在表演了，而且還在空中不停的旋轉，遠遠超過了我們的想像，沒想到這裡的表演這麼專業，有到美國拉斯維加斯國際舞團的表演水準，這讓我跟宇翎超開心，我們跟著音樂打節拍，並在表演結束時用力拍手。

「我請妳喔！」我開心的拿著酒單叫宇翎點杯調酒，等到服務生來的時候，宇翎隨便指了指其中一杯雞尾酒，而我則是點了一杯水蜜桃調酒。

「用頭頂著大鼓也太厲害了！妳覺得會不會是那個鼓本身沒有重量？」宇翎問我的同時，拿起手機錄影。

「應該有重量，如果沒有重量的話或許頂一頂，晃一下就掉下來了！」比起沒有重量，我倒覺得有點重量還比較好頂。

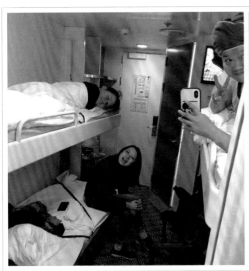

1 2　**1** 對於一起搭郵輪感到興奮的三胞胎。　**2** 點一杯飲料就可以看整場表演。

⬆搖滾、爵士、藍調，各個難不倒。

　　高難度扯鈴、軟骨功、魔術表演、阿卡貝拉、空中緞帶表演、舉重、雜耍，各式各樣的表演，讓我和宇翎驚訝到嘴巴沒關上，不停地拍手、歡呼，直到最後表演接近尾聲時，宇翎問我要不要去和第一排的兩位女孩聊聊天。

　　「我剛剛聽到她們說中文，至少聽到其中一個女生講中文，要不要去打招呼認識一下？」宇翎興奮地問我。

　　「好呀！」其實宇翎是那種很喜歡在旅途中交新朋友的女孩，這趟旅程跟著我和孟桉、出版社，剛好都沒遇到其他亞洲人，沒想到卻在前往愛沙尼亞的遊艇上遇到。

　　「好，那我們走吧！」宇翎很開心地拉著我到前面，和那兩個漂亮女孩打招呼。

　　「嗨！妳們會說中文嗎？」宇翎主動打招呼：「很開心認識妳們！」

　　「我會！我是中國人，不過我的另一個朋友不太會，她是泰國人。」中國女孩也很大方，立刻介紹自己和她旁邊的泰國朋友。

　　「我叫 Lucia ！」泰國女孩也用簡單的中文和我們打招呼。

⬆ 就連空中吊環、劈腿高難度的動作都有。

「我叫伊敏，咱們接下來會去愛沙尼亞之後，去拉脫維亞、立陶宛，再沿路去波蘭，各自待幾天還不知道，我和 Lucia 是在瑞典打工認識的朋友，總之接下來我們會玩遍歐洲就是了！」

「跟我們的路線一樣，我們大概也會那樣走！」我立刻也介紹自己：「我叫慕盈，我們還有一個朋友叫孟桉，不過她今天有點累，已經在房間休息了。」

「既然是同歲朋友，又在遊艇上相遇，看來我們也挺有緣分的，要加個微信或 IG 嗎？」伊敏很熱情的問我們。

「我也正好想問呢！」宇翎開心的將手機拿出來，還一起幫我們拍了一張合照，但因為燈光挺暗的，所以有些不清楚。

「那就期待之後再見啦！如果在路上遇到的話，再一起玩！」伊敏開心地說。

之後我和宇翎道別了伊敏、Lucia 後，回到房間裡，看著呼呼大睡且完全睡死的孟桉，我們小心翼翼、躡手躡腳的去洗澡、整理行李。再次醒來，就抵達波羅三小國之一的愛沙尼亞了。

每個成熟穩重的大人都曾經歷那段懵懂無知的時期，有時並不是忘卻了那些天真浪漫，而是埋藏在心底期待再次打開。

長不大的彼得潘

ESTONIA, TALLINN
愛沙尼亞｜塔林

旅途中：

有開心、有悲傷，也迎來夢碎

塔林是愛沙尼亞的首都，而在這裡就像住在城堡裡一樣，每個人都是公主、王子，就連街上所有店家的擺飾、小攤販都像是童話故事裡出來的一樣，高聳的城堡外牆、尖塔猶如進入中世紀剪影，一旦陷入塔林的魅力中，就難以忘懷。

　　「真想永遠住在這裡，實在太漂亮了！」進入城內後，每個人都在驚嘆，因為眼前所看到的並不是電影場景，而是真正存在在這世上的城鎮。

　　抵達住宿的地方後，大家各自選擇房間，客廳內有許多樂器包含老舊的手拉琴還有許多喇叭，以及

↑ 愛沙尼亞首都塔林，被城堡圍牆包覆著，很像童話故事中會出現的場景。

一個可愛的小沙發，甚至還有小小的足球台、吧檯，老闆說晚上歇息時可以來吧檯點調酒，十分的特別。

　　「我們就住在這裡嗎？」太郎看了吧檯遲疑了一下，與其說是反應慢，不如說是因為在進來後，連一間房間都還沒看到，所以產生了懷疑。

　　老闆在介紹環境後，指了指樓梯，示意我們往上走。

　　「太郎，走樓梯上去後就會看到房間了。」胡老師用手指了指天花板，示意上樓。

　　聞言，太郎立刻將剛放下的背包背起上樓。

　　房間是簡單的上下鋪，一間總共有六個人，但因為男女分開，所以我們三胞胎被分配跟另外三位外國女孩睡，進入房間後我們相互簡單打招呼。

　　曾哥他們四人則是跟兩位高大的英國人住，據說那兩位英國男人十分高大，腳都超出床的範圍，而且有非常多的行李。

⬆ 低著頭的男孩，像極迪士尼裡的彼得潘。

大家放好行李後，有人想要補眠有人想要先出去逛逛，所以就自由活動，讓大家自由分配時間。

從住宿的地方出來會看到不少賣明信片的店家，隨手一拍都蠻好看的，值得一提的是，除了許多灰色磚塊堆起的厚實圍牆高塔外，塔林的房子都壯麗、漂亮，尤其是每一戶人家的大門，都像有經過特別設計，無論材質、紋路都很精緻。

「這面牆太可愛了，好多可愛的勳章標誌，真好奇裡面長什麼樣子，好像是賣酒的店家？」總是在走一走會遇到許多驚喜，我忍不住仔細地看看牆面上的徽章，沒想到再次回眸時，驚見童年偶像，我訝異地用雙手遮住嘴巴，莫非這就是別人口中的一見鍾情嗎？

「這是彼得潘嗎？」我害羞地望過去，將手中的手機放了下來，我根本不敢按下快門，怕被彼得潘誤認是花癡。

「有點像耶！」孟桉看到後立刻拿起手上的底片相機就這麼一按，小小的閃光燈讓宇翎直接把她拉走：「好險是白天，不然被發現就完了。」

我想孟桉跟我一樣都覺得彼得潘超可愛又超帥，我們眼睛就像冒愛心一樣，一秒都捨不得離開彼得潘。

「太可愛了，簡直像從迪士尼出來一樣，如果他去迪士尼樂園面試彼得潘一定會直接錄取。」我雙眼根本離不開他，直到宇翎問我們午餐要吃什麼。

「都可以！」孟桉才不管午餐要吃什麼。

「真的超級欠扁！」宇翎直接白眼，看來找午餐的任務落在我肩上了，我拿起剛剛在旅館拿的塔林地圖。

「附近好像有家不錯的咖哩飯，要去嗎？」我看向宇翎。

「好！」宇翎立刻點頭，於是我們三人就去吃了午餐。

進去後才發現是家泰式料理店，就連打拋豬都有，雖然打拋豬鹹了一點，但我們還是吃得很開心。

1 2　　1 三胞胎於泰式料理店吃中餐。 2 塔林內擁有知名人氣的巨大塔餅。

吃完午餐後我們進入一家小書局，裡面有賣各式各樣的二手勳章、郵票、書籤、徽章、貼紙，我和孟桉一直在翻找著那一盒又一盒的老舊明信片，宇翎則說她先去外面等。

「妳好了沒？」比孟桉早一步結完帳，我將買好的東西放進紅色小包包裡，等待孟桉。

「我想不到要買哪一個，每一個都很想要，妳看這個可愛還是這個？」孟桉將明信片一張一張遞給我看。

「我覺得都還好，好像十張裡面只有三、四張是好看的。」我據實以告。

「那這個呢？」孟桉拿了另一個郵票本。

「這個我剛剛也很想買，老舊的郵票本……我後來沒買是因為這一本要 9 歐有點貴！」雖然我非常心動，但人在江湖不得已……不！應該說不知道還會去幾個國家，所以先省點錢比較好。

133

1 塔林巷弄間有很多古董、二手古物店。 **2** 隨便一家小店都能挖到不少寶物。

「好！那我決定了！我要買這本郵票本！」孟桉在猶豫很久後終於結帳了，等到我們出來時，宇翎已經不見了。

「完蛋了！她不見了！」我慌張地找尋宇翎。

「蛤？怎麼又不見了？我們做錯什麼了？」孟桉緊張的左顧右盼，依然沒看到宇翎的蹤影。

「應該是我們在店裡待太久，所以她生氣了……」我欲哭無淚。

聞言孟桉臉皺成一坨：「那我們該怎麼找起？」

「應該走不遠吧？我們趕快繞一圈看看。」接著我拉著孟桉快速的在附近繞一繞，直到確認沒看到宇翎身影後，我趕緊傳訊息問宇翎在哪裡。

「我想她等下就會自己出現了。」孟桉說：「她應該走一走就會氣消，就會回來找我們吧？」之後過了三分鐘後，宇翎回覆我的訊息，我看了看內容，仰天笑了笑。

「幹嘛？她傳什麼？她真的不要我們了喔？」孟桉嘟著嘴，急著想看我手機裡的訊息。

「妳剛剛從書局裡出來，是不是沒看到宇翎？」

「對呀！」孟桉說：「連個身影都沒看到。」

「我也是，可是……宇翎說她在店門口等我們。」我笑著說：「我們兩個眼睛是瞎了嗎？」

「啊！我們剛剛都沒有到轉角的地方看，或許她在那邊等，結果我們沒看到。」

果不其然，當我們回到小書局門口時，看到宇翎就在轉角處等我們，她一看到我們就說：「妳們怎麼那麼久？陳孟桉是不是又是妳，也挑太久了吧？」

「請聽我娓娓道來剛剛發生的事情……事情是這個樣子的，我們剛從店裡走出來沒看到妳，以為妳去旁邊逛逛，所以就去找妳了！」

「別聽李慕盈亂講，阿江我跟妳說，我們以為妳又被我氣瘋了，所以走掉了，正慌張地找妳呢！」

「對……其實我們繞了周圍一圈在找妳。」

「傻眼欸！我哪有那麼容易生氣，妳們把我想成怎樣的人了？」宇翎徹底無言，在外面等我們那麼久，還要被我們誤會。

「一定是因為有陰影了……」孟桉摸了摸宇翎的臉頰。

「不要碰我啦！欠扁！」宇翎瞪大眼用力拍了她的頭。

3 | 4
3 在塔林有許多店家位於地底，十分有趣。
4 塔林內的建築都值得留意，尤其是屋門，長得都很特別。

於是我們就開始正式逛塔林歷史城區，在瑞典的時候我們到處拍店家招牌，在塔林的時候則是一直拍別人的家門口，直到黃昏時我們才稍微停下腳步看一下晚上要吃什麼。

「這裡有很有名的薄餅店耶！」宇翎將手機上的圖片給我們看。

這是家叫 Kompressor 的有名薄餅店：「好呀！我們去吃這家！」剛好肚子沒有很餓，吃份簡單的薄餅當晚餐，看來是不錯的選擇。進入 Kompressor 後，滿滿的人潮，不僅是外國人、觀光客，就連在地人都非常喜歡吃，打開門的瞬間就有薄餅的香味，這讓我們忍不住期待。

薄餅的口味有很多種，鹹甜都有、滿滿的料，我們看向旁邊已經上菜的客人，驚見一份薄餅有兩隻手掌加起來這麼大。我們總共點了綜合莓果、鮭魚蘑菇、藍起司三種口味的薄餅，大家一起分著吃。

「我挺意外阿江居然點甜的薄餅。」我將所有薄餅都切成三份，莫名覺得綜合莓果薄餅跟宇翎有種違和感。

「我看妳們都點鹹的呀！想說點一個甜的，讓大家換換口味。」宇翎一臉「妳可以誇獎我了」的臉，而我也非常配合的拍拍手表示贊同。一份薄餅只需要 3 至 5 歐元，便宜又好吃、又能吃得飽、有飽足感，愛沙尼亞的物價真的很便宜，比起芬蘭、瑞典。

於是之後在塔林的幾天，只要我們不知道要吃什麼就會來吃這家薄餅，真的比起去超市自己買食材煮晚餐、麵包店買麵包吃都還要便宜，我們三個人每次去都點三種不同口味的薄餅再一起分，這是在愛沙尼亞最大的樂趣。

「好難想像這裡居然是真實世界。」在晚上時，街道上的路燈、哥德式城堡窗戶反射出的柔和月光，映入眼中都像來自平行時空。

「我想我們會一輩子記得一起來過這裡。」孟桉開懷大笑。

「不知道多少人來到這裡，想起了自己小時候無憂無慮的時光，說真的這裡真的讓人很放鬆。」就連宇翎都忍不住感慨。

好不想長大，好想將時光暫停在此刻，只可惜時間從未為了誰，而停下腳步，所以我們只能用盡全力，記下眼前發生的每個片刻。

⬆ 就像古堡一樣，彷彿穿越後，就會進入奇幻世界。

⬆ 夕陽餘暉落在美麗的塔林。

喀嚓喀嚓，拍下了照片，此刻這就是永恆，無論我們再怎麼變老、記憶再怎麼模糊，這台老舊的底片相機，紀錄了我們這一刻；擁有彼此最美好的一刻。

重量級底片相機

ESTONIA, TALLINN

愛沙尼亞 | 塔林

旅途中：

有開心、有悲傷，也迎來夢碎

從塔林老城走到超市需要一點時間，第二天一早，買完晚上要用的食材後，大家一起走上超市第二層，那裡有許多二手古物包含老舊的徽章、郵票還有底片相機、玩具、明信片、畫本、望遠鏡、油燈，這讓孟桉、太郎瞬間興奮起來。

　　「這麼好的地方，怎沒看到旅遊網誌、微博介紹呢？」曾哥率先表示不解：「這比三姊妹還要值得來呢！」

　　關哥聽到後立刻嘲弄曾哥：「你寫篇介紹文，我打錢給你！」

　　曾哥墊起腳尖抓住關哥：「君無戲言啊！打錢打多少？好歹要高過打車費吧？」

　　「叫阿關給你漲薪水比較快，哈哈哈哈！」胡老師難得笑開懷：「不如我來寫吧？下次版稅給多點？」

　　「哈哈哈哈哈哈哈！那是！」曾哥雖然笑聲聽起來豪邁，但眼睛明顯在向關哥打暗號，而這次胡老師明顯發現異樣。

↑ 老城附近的超市，樓上二樓有很多古物店。

「你們倆搞什麼呢？」胡老師直接問：「總覺得你們這幾天都怪怪的，有事瞞我？」

而當下，我和雙胞胎假裝在逛店鋪，但實際上心裡非常緊張，知道要發生大事。

1 2 **1** 各式古物來自不同年代、國家，種類豐富。 **2** 古物店什麼都賣，包含騎士的盔甲。

「胡老弟，回去談唄！在這孩子們、後輩都在看，一會回去就讓我來好好和你自白一下。」胡老師和曾哥、關哥彼此對視著，緊張的氣氛讓人忍不住流下冷汗，而此時太郎登場，瞬間化解了一切。

「你們看！這中文怎麼說？以前的唱片？」

太郎拿著戰利品很開心地說：「我的偶像 Michael Jackson 的 Thriller 唱片！好像是老闆特別珍藏的，我趕緊問能不能賣我！多給了五歐老闆就賣了！」

薑還是老的辣，關哥立刻抓住太郎拋下的救命繩索，試圖轉移注意力：「哇！是麥可爾·杰克遜的黑膠唱片！」麥可爾·杰克遜是中國那邊的說法。

「我有在蒐集黑膠唱片！」沒想到胡老師平常的興趣剛好就是蒐集黑膠唱片，太郎的這個舉動成功吸引了他的注意力：「麥可·杰克森的黑膠唱片在哪買的？」他問。

「Michael Jackson 嗎？在那邊買的，我不知道怎麼講我帶你去！」緊接著太郎就帶著胡老師往黑膠唱片的店鋪走去。

「呼……」像是撿回一條命，曾哥拍了拍關哥的肩膀。

「你這混小子！要不是你現在已經是總編輯，看我怎麼懲處你！」關哥明顯動怒。

「都一把年紀，還能被叫做混小子，也是不錯的。」曾哥開玩笑地說：「好啦！我今晚會好好跟胡老師談談的。」

「可要好好談談，反正我們同間房間，你回來後再跟我說談得怎麼樣了，切忌不可得罪。」

「這我當然知道！」曾哥笑著說：「人家胡老弟一句都還沒講呢！我當然是尊重他的意願，如果他想續約，我也會遵守我們跟慕盈的約定，會讓人幫她出本旅遊書的！」曾哥說的同時也向我們走來：「怎麼？逛得如何？妳們三個看這貨櫃看得有點久？」

「哈哈！被發現了！」孟桉尷尬的笑。

我很感謝孟桉、宇翎在我們三個沒說好的情況下，一起幫我注意聽這段對話：「感覺氣氛有點緊張，總覺得帶給你們困擾，一直讓我很過意不去，想說聽聽你們的對話，至少讓我有點心理準備。」

「妹子！妳不要那麼緊張，曾哥說會幫妳就會幫的！」曾哥拍胸保證：「如果胡老弟，啊！應該說如果胡老師想要續約的話，我會幫妳再想想辦法的。」

我趕緊點點頭：「不用有壓力的，如果胡老師要繼續寫作的話，那也是一件很棒的事，對出版社而言是件值得慶祝的好事呢！」

「他跟我們共事九年近十年了，我們跟他的默契是有的，當然胡老師願意續約我們也很開心，但同時我們也看到了妳的才氣。我看人可準了，先說好喔！我很看好妳！無論如何都不想讓妳空手而回，應該說如果我們讓妳空手而回的話，那是我們有眼不識泰山。」

「哈哈哈！過獎了！」我靦腆的笑：「謝謝曾哥，還特別來給我打氣，我感受到滿滿溫暖。」

「這是當然的！妳是我找來的，我當然要對妳負責。」曾哥暖心地說：「好啦！不打擾妳們，我先去看黑膠唱片去。」接著曾哥用超快速度離去，看來跟我說這些話，也讓他覺得有些害臊、不好意思。

「在什麼事情都還沒發生的時候，先不要自己亂了陣腳，不要覺得自己是不必要的存在，每件事都有它發生的意義，而妳的存在本身就是有意義的，不要自亂陣腳，我們都在。」宇翎在曾哥離開後，悄悄地跑到我旁邊說了這句。

「謝謝阿江。」我感激的點頭，也因為宇翎這項暖舉，讓我暫時把出書的事先拋腦後，能靜下心，好好看眼前的這些工藝品。

「這真的很像電影會出現的。」眼前的旋轉木馬音樂盒，雖然有隻馬的腳斷掉，但音樂依舊能聽，出現的是宮崎駿名曲《天空之城》，在這裡聽到莫名有種違和感，我有點懷疑這根本是亞洲製造的。

一旁還有許多小玩具，其中最讓我們孟桉興奮的，莫過於底片相機了。

「底片相機！」孟桉立刻蹲在櫃子前面：「在台灣都看不到這種古老底片相機，實在太迷人了。」

雖然底片相機的外殼有點生鏽，但正因這樣而迷人：「不知道還有沒有辦法拍？」

「妳要不要問問老闆是不是還能使用？」感覺有些只是裝飾品，已經不能用了。

「好！」孟桉一時被開心沖昏了頭，忘記自己不太會說英文，甚至直接用中文問老闆：「不好意思，我想看這些底片相機……」接著她意識到了自己的錯誤，害羞地用手指了指底片相機，老闆點點頭表示了解。

經過老闆詳細解說、宇翎的簡單翻譯，孟桉大概想好自己要買什麼了，

但她超級猶豫，因為她想買三台底片相機，一台送人、兩台留給自己。

「我要再次勸一下，妳如果現在買的話……」

「就要背好幾天……」孟桉絕望地看向我：「可是不買錯過的話，我會後悔一輩子。」

宇翎果斷地說：「我是覺得折衷點，妳可以買，但不要買那麼多。」

⬆底片相機非常多種，不怕買不到自己喜歡的。

「不然妳再考慮幾天？我們最後再來買！」我提議。

「真的嗎？但我怕之後妳們不讓我買，我還是先買好了！」孟桉想到自己要買相機就很開心：「先買囉？」

「真的會讓妳回來買，在愛沙尼亞最後一天的時候！」宇翎保證。

「好吧！」最後孟桉同意了。

而我們也確實在離開愛沙尼亞前，讓孟桉回來買，當時的她在經過幾天深思熟慮後，還是決定買了三台底片相機，一瞬間背包就變超重，還多了兩個大袋子，可以說是失敗又可愛的背包客。而我和宇翎也一起幫她提那些袋子，不得不說我們真的是最貼心的旅伴了。

總之，來到愛沙尼亞的第二天下午；在離開塔林超市時，大家手上最多的不是蔬果、晚餐食材，而是滿滿的戰利品，胡老師、太郎各買了三個黑膠唱片，關哥則買了一顆地球儀、藏寶圖牛皮紙，曾哥、孟桉都買了郵票本，而我和宇翎都沒買東西，我們打算最後一天陪孟桉回來買底片相機的時候再來買。

「剛剛在看有什麼餐廳的時候，發現其實塔林有很多工業風的咖啡廳，我剛剛跟慕盈有找到一家不錯的，不知道大家要不要一起去？」等大家都把戰利品放回旅館後，宇翎向大家提議。

「當然好啊！現在時間還早呢！」曾哥先表示同意。

「這趟旅行，好像還沒吃什麼下午茶，挺好的！」胡老師也附和。

關哥問：「胡老師你不是不怎麼愛吃甜食的嗎？」

「誰說去咖啡廳只能吃甜點，我也可以點杯咖啡坐在那邊休息。」

「是呀！像我也只是想喝杯茶而已。」曾哥拍拍關哥的肩膀：「上年紀了，就不要學人家妹妹吃甜點，我們胃承受不住，會消化不了的。」

「都出來了，當然要品嚐一下啊！」關哥說：「而且誰說只會有甜點，說不定有輕食！」

「你還沒吃膩輕食？這幾天吃了多少麵包、三明治、沙拉。」曾哥隨後改口：「不過的確喝杯茶、咖啡，配點輕食也挺不錯的。」

於是，眾人就跟著我和宇翎來到塔林很有名的工業風咖啡廳 Kohvik-pagarikoda Rukis，這是家跨越一世紀的咖啡廳，有非常工業風的擺飾，還有很大的蛋糕透明櫥窗，底層超有質感像老舊行李箱堆疊起來，而咖啡廳正中央有一個大大的水晶吊燈，以及許多像哈利波特電影裡會出現的油燈。

一進門就看到許多我們從未在台灣看過的甜點，據曾哥的說法，香港那邊有的甜點比我們這邊多很多種類別，所以有些我們驚呼這是什麼的甜點，他們都知道。

「這是什麼？」太郎說：「日本也有很多甜點，但我真的沒看過這個！」

關哥像突然想到什麼而拍手，並沒有回覆太郎，而是說：「我知道為什麼香港那邊甜點種類比較豐富，因為之前被英國殖民過，所以傳承比較多歐式甜點，雖然在咖啡廳也是很少見的，但多多少少也都有看過。」

「那是！」曾哥附和。

1　2　　　1 巨大的昂貴水晶吊燈。　2 店內甜點都為手工製作。

「所以這是什麼？」太郎堅決不放棄。

「這是一種蛋白餅蛋糕！台灣的說法是馬林糖？」關哥看向我們尋求答案：「是叫馬林糖嗎？有點像馬卡龍的甜點？」

「對，叫馬林糖！」反倒是胡老師替我們解惑：「可以說這道甜點叫馬林糖佐卡士達蛋糕，但也有可能有其他專屬的蛋糕名稱，不過至少菜單上是這麼稱呼它的。」

「原來如此。」三胞胎紛紛點頭，但太郎還是無法理解：「馬林糖是什麼？」

「太郎你有吃過馬卡龍嗎？馬林糖類似馬卡龍上下層外皮。」

「不太能理解，又好像大概知道。」太郎聳聳肩。

最後我們一人點了一杯飲料，因為早有聽聞外國的蛋糕都會很甜，所以關哥、曾哥、胡老師是沒有點甜點的，而我們三胞胎和太郎則一起點了三道甜點分食，原本宇翎想點一塊胡蘿蔔蛋糕，但在被我和太郎強烈反對後，改成肉桂脆皮榛果蛋糕，另外我們還點了綜合莓果派，以及一開始討論度超高的馬林糖佐卡士達蛋糕。

蛋糕意外的其實沒有非常甜，原本以為會死甜到需要一直喝水，沒想到卻恰到好處，就連太郎都豎起大拇指。

「真的很好吃！」太郎不斷點頭、讚賞，很快地就將他的那份甜點吃完，接著就開始睡起覺來，不得不誇獎一下太郎，他睡覺可以完全立起身子，絲毫沒有駝背的閉眼入眠，這簡直就是他專屬的個人技。

我們這桌簡直是小孩桌。

因為另一桌的關哥、曾哥、胡老師開始談起正事，討論的事與我無關，爭論不休的同時，時常傳曾哥的招牌笑聲，和胡老師的嘆息聲，

↑ 分食的三道甜點每樣都好吃。

總之我們把甜點、飲料喝完了，他們也還沒談完，因此就連宇翎、孟桉也開始在打瞌睡了。

離太郎睡著後，大約過一小時，曾哥、關哥、胡老師才起身，走到我們這桌。

「太郎怎麼又睡著了？」胡老師一看到太郎就拍了拍他的頭。

醒來的太郎一時忘記自己在國外，講了一串日文，聽得懂日文的胡老師則開始壓了壓他的肩膀：「沒有人在趕你稿，現在在旅行⋯⋯」

看來太郎驚醒後，一時還在說夢話，才會咕噥的說別趕他稿。

晚餐由我們三胞胎帶路，帶大家去吃巨無霸薄餅，吃完後就各自回旅館休息，我跟宇翎則是出來買筆，為了要寫明信片，我們真的花了好長一段時間在找筆，最後在一家紀念品店裡買了一組愛沙尼亞的紀念筆，不得不說筆真的超難用的，等到我們回房各自寫好明信片後，就結束了這一天。

人生只有一次，在無法預知下秒會發生什麼事的情況下，我們能做的就是不辜負自己，不浪費每分每秒、勇敢向前。

從沼澤再站起來

ESTONIA, TALLINN
愛沙尼亞｜塔林

Tallinn

旅途中：

有開心、有悲傷，也迎來夢碎

在愛沙尼亞的第三天，我們
去了很多可以看到愛沙尼亞風景
的制高點，拍了非常多漂亮的照
片，宇翎、孟桉甚至各自打電話
給自己的媽媽，讓他們能透過彼
此的視訊來視訊，整個情況相當
好笑，而我的母親大人如我所料
的沒有接我的電話，沒關係，我
相信她很忙，唉……她肯定超忙
碌的吧？

而在今天下午，也發生了好
笑的小插曲。

⬆ 美到看過一次就會永遠記在心中的塔林老城風景。

自從來到歐洲後，宇翎每次買水都會買成氣泡水，大概是從芬蘭的第二
天到現在，她在百思不得其解下，發了動態詢問朋友們。

「齁！我朋友都罵我白痴。」走在路上的時候，她突然認真地看著我和孟
桉，這讓我們立刻站好，以為做錯了什麼事。

萬萬沒想到，宇翎並沒有要罵我們，而是要很認真的與我們共同探討，
為什麼全歐洲都沒有正常礦泉水的小事……不！是大事。

「我問了我朋友為什麼我永遠買不到礦泉水，結果他罵我白痴……說只要
瓶子摸起來是硬硬的就是氣泡水，軟的才是礦泉水！」

看到宇翎如此認真的和我們分析，礦泉水與氣泡水的差別，這讓我和孟
桉哭笑不得。

「原來瓶子摸起來只要是硬的，就會是氣泡水啊！」孟桉立刻說：「這沒
人說我還真不知道。」

「重點喔……我不是發了我又買成氣泡水的限時動態嗎？結果我朋友說，
瓶子上就有寫氣泡水的英文……」

「哈哈哈哈哈哈哈！」這下換我笑了：「原來妳英文跟我一樣差喔？」

「就沒注意到⋯⋯」接著宇翎嗆我：「誰英文能爛到妳那種地步，才是天才好不好？」

「我跟妳講，我英文真的沒有爛到無藥可救，至少我跟外國人還是可以溝通的，亂講一通他們還是會從我的動作、口氣，發現我在說什麼。」

「這不是件值得得意的事，哈哈哈哈哈怎麼那麼好笑！」宇翎突然大笑，讓我們三個人都笑成一團。

接著在度過快樂下午後，迎接了在塔林的第三個夜晚。

`1` `2`　❶ 從高處看又會有不同的感覺。❷ 宇翎痛苦喝著氣泡水，如此可可愛愛。

晚上，我拿著換洗衣物準備去洗澡，途中遇到了曾哥，他趕緊揮揮手叫我去大廳。

看他表情面有難色，我的心很快就沉了下去，其實要說什麼大概也猜到了，只是不願多想而已。

「慕盈妹妹，接下來要說的話嚴肅些，但希望妳原諒我們倆⋯⋯」

一開頭就說這句話，讓我有強烈不好的預感，接下來的幾分鐘也驗證了我的不安。

「剛剛我們跟胡老弟聊了妳的事情，約莫兩小時，他的反應比我們倆想像的都還要大……」

關哥完全不給曾哥臉色看，口氣也充滿不屑，我從沒看過關哥的這一面：「這麼說吧！你打從一開始就不該有任何模糊空間，這事有這麼急嗎？我們出版社什麼時候有規定幾月一定要上架了？就晚些不行嗎？」

面對關哥一連串的質問，曾哥一聲都不敢吭，兩人雖然平常打打鬧鬧的，但在處理正事的時候，曾哥也是會收起平常開玩笑的態度。

「就問你了，現在怎麼辦？這種事道歉就可以了嗎？」關哥瞪視著曾哥。

「慕盈呀……對不起，是我沒把事情處理好，搞得妳這趟出來這麼尷尬。」

我立刻搖搖頭：「我很開心可以跟大家一起出來玩，這也是我第一次當背包客去那麼多的國家，我很感謝你們。」

「慕盈，今天阿曾跟胡老師談了妳之後會寫台北旅遊書的事情，胡老師反應挺大的，他不開心不是爭對妳，他只是覺得我們沒有跟他說清楚，就直接找新人作家，有點不尊重他，所以很生氣。」

其實我真的能理解胡老師的想法跟感受，同時也能理解曾哥急著找新作家的理由，我不禁開始思考自己這輩子究竟哪次成功過了。

想要當歌手，結果唱功、音色不夠有特色，所以放棄了；想要當小說家，結果國中投稿，進入第三階段還是被刷下來；想要當體育老師，結果之後自己吃胖了，體能也下降不少。

其實曾經也想當設計師的，但因為發現自己在視覺美感上落後大家一大截，所以也慢慢轉行了。

說到底，好像從以前到現在，我想做什麼都會失敗，以前曾有段時間很認真讀書的，回家後也讀到凌晨才睡覺，下課也在讀書的，但就是怎麼讀都讀不起來。

為什麼別人成功總是這麼容易，自己卻總是做不到呢？

我相信大部分人會在別人看不見的時候努力，可我又何嘗不曾努力了？

不公平，這世界真的很不公平……如果有人可以站在自己的舞台上發光發熱，為什麼我註定就要淪為在台下拍手的人？

不公平。

就像有人天生有錢，完全不需努力，整天只需想著如何花錢一樣，而有些人天生有聰明的腦袋，打從一開始就註定成為一個成功人士，而我們這些平庸、腦袋不夠聰明、外表平凡的人，從底層開始努力，卻始終找不到發光發熱的機會。

明明我現在這麼接近夢想，就只差那麼一步而已……為什麼，我永遠只會擦身而過，不是說好了，機會只會留給準備好的人嗎？

我明明就準備好了，為什麼卻還是如此？

「慕盈，我跟關哥討論後，決定先不跟妳簽約，除了胡老師剛剛說他要續約，不退休以外，最重要的是目前台灣，我們只決定要出台北而已，香港人去台灣旅遊，主要都還是會在台北，其他縣市比較少，除非是去第三、四次的人，原本我們想要讓妳寫中部……但現在旅遊書也沒有之前好賣了，那麼多人都看網路上的遊記、小紅書，就連微信動態都能寫遊記了，書真的賣得沒以前好了……」曾哥正要繼續講下去時，關哥開口了。

「關哥跟妳說，不是妳不好，絕對不是！妳看我跟阿曾都請妳跟我們一起來旅行了，這代表我們很看好妳的能力，妳之前給我們看的美食文章、遊記啊！我們也都有看，真的覺得妳就是用年輕人的角度寫文章，可以吸引很多年輕人，剛好就是我們想要掌握的客群，只是今天胡老師跟我們合作很久了，大家都說好聚好散，如果我們這件事沒有處理好，就枉費胡老師對我們這幾年的信任。」

「而且妳的自薦信讓我們大開眼界，沒想到還能看到豐富的影片內容，妳未來肯定能有所作為，這是肯定的！」曾哥補充，接著拿出了手機，開始跟我介紹幾家出版社，大概就是跟我說能把我介紹過去。

但我一開始找香港出版社的目的，就是為了要讓旅遊書可以出現在全亞洲，而不單單只有香港。

老實說，我很努力地不表現出我的失望，也很盡力的表示諒解，可是突然湧上的負面想法，堵住了我的嘴，我只能不斷的點點頭，並保持禮貌。

「雖然這些出版社比較不有名，但是跟我們都是好朋友，我一通電話打去，就可以讓妳加入他們的團隊，我名單給妳，妳好好研究再跟我說，雖然目前暫時不合作了，但一有機會……應該說只要胡老師退休了，我們會趕緊把妳找回來，妳到時一定要答應我們啊！」曾哥拿起了一張紙並跟路過的太郎借了筆，接著在上面寫了三家出版社的名字。

「當然，如果妳有其他想法，想要先試試其他大間的出版社，妳也可以跟我們說，我們絕對支持妳！」關哥立刻說：「我們現在給妳的名單，是永久有效的！如果妳沒有去到妳想去的出版社，隨時聯繫我們，我們馬上介紹妳過去，這次真的是一言既出，駟馬難追！」接著快速補充：「這些出版社都有出台北旅遊書的，雖然沒有賣到台灣，但是香港、澳門、中國都會賣。」

最後關哥、曾哥給了我一個大擁抱，不停地和我說很抱歉，不停地說絕對會給我一個交代，並保證我這兩年內肯定會出書，他們各自會買十本之類的。終究還是委屈地哭了起來，沒帶任何一點聲音，憑著眼淚一顆一顆的掉落。

我哭，是因為這趟旅行，宇翎、孟桉陪著我，而我最終卻沒有簽約。

我哭，是因為我的出現，帶給胡老師困擾，他一定很討厭我，可是卻努力收斂對我的敵意。

我哭，是因為我真的很努力了，然而還是失敗了，但我卻不敢告訴我的父母。

出門前我媽偷塞了美金給我、旅途中我爸跟我說安全最重要，如果錢不夠了就刷卡，如果他們知道我沒有成功簽約，肯定對我很失望。

為什麼還是如此？怎麼每次都會這樣收尾？我甘心嗎？我不甘心，可是

現實的殘酷，逼迫我面對，我已經沒有臉面對這個世界了。

「別哭，看得我心疼，沒事妹妹，我們還在，永遠是妳的後盾，妳不要難過。」

「我很開心你們能這樣幫我……」我哭到難以呼吸：「只是……我太失敗了。」當下我想表達，我完全沒有怪罪他們的意思，但不知怎麼的，我哭得唏哩嘩啦，甚至連哭了多久都不知道。

「沒事，妳慢慢來，我們等妳……唉唷是我們兩個不對！欺負一個小妹妹！」曾哥故意用浮誇的語氣說，想要逗我笑，同時緩解氣氛。

關哥不僅很紳士還是一個暖男，默默的坐在旁邊遞衛生紙給我。

我們坐在大廳，不少人來來去去，其中包含了胡老師，他原本要下來大廳，結果看到我們就趕緊止步離開，他可能沒想到他們聊完後沒多久，曾哥、關哥就立刻找我來談。

關哥、曾哥把我當小孩，不斷的安慰，甚至關哥還回房間拿了餅乾遞給我，讓我又哭又笑。

「妳不失敗，妳已經很棒了，多少人可以像妳這樣，在這個年紀就達到這樣的成就？妳已經在達成夢想的路上了，這真的很棒！多少人連現在要做什麼都還不清楚，包含我，關哥以前想當考古學家，是認真的那種，結果不小心就變出版社董事長。」

「妳別講得自己多委屈！」曾哥忍住不讓自己翻白眼，怎麼能翻白眼呢？對方可是自己的老闆呢！

曾哥說：「慕盈，妳別難過，妳怎麼能難過？天曉得我和關哥都在妳身上看到多少才氣，妳有天會成功，接著回頭笑我們傻。」經過曾哥、關哥不斷的賠罪，我不斷地搖頭解釋自己沒生氣，只是對自己人生感到挫折後，這件事情就這麼告一段落，我沒辦法在我所愛的這家香港出版社出書，但他們重新給了我三個選擇，我只需要從裡面挑一家自己喜歡的就可以了。

可是……真的只是這樣嗎？

跟曾哥、關哥分開後，我拿著握在手裡整整一小時的換洗衣物，走進淋浴間準備洗澡，我並沒有像電影裡演得那樣，一邊淋浴一邊哭，而是整個心不在焉，我不知道我到底做錯了什麼，為什麼老天總要跟我開這麼大的玩笑，就像給了我一支冰淇淋甜筒，只給了甜筒卻沒有冰一樣，我只能不斷的思考自己哪步做錯了，要再重新振作。

　　我已經比很多人都還要幸運了，至少我現在已經站在這裡……

　　我已經非常努力了，付出全部的努力，失敗了沒關係，這些都是得來不易、可遇不可求的經驗……

　　最後在洗完澡照鏡子時，還是忍不住落淚了，我一邊刷牙一邊眼淚狂掉，狼狽地吸了吸鼻子，天曉得我覺得多丟臉，真想找一個地洞鑽進去。

　　明明我就這麼努力，明明……

　　我知道我總是失敗，但我以為這次不會再空手而歸了……

　　果然，我註定只能失敗吧？

　　努力壓抑自己的情緒，確認哭腫的眼睛、鼻子不再紅，深呼吸、吐氣不知道多少次後，我緩慢離開淋浴間回到房間。

　　打開門後，房間漆黑一片，大家都已經睡了，我躡手躡腳小心地走到我的床鋪，剛好今天睡下鋪所以不用爬階梯，不會吵到其他人，我慢慢地將東西放好，輕輕地躺在床上，房間裡很安靜、寂靜，而每當在這時刻，我的腦袋總會帶來不好的想法，一不小心就又掉入自己創造的泥沼，不知道上次有這種情況是什麼時候了？我躲在被子裡偷偷啜泣，還必須壓低聲音，可惜擤鼻子的聲音出賣了我，直到有人突然起身出房間後，我才擦乾眼淚。

　　說好，不能讓別人發現的。

　　暫時的，先將這件事藏在心裡吧？這樣雖然不會讓自己好過點，但比起折磨自己，我更怕從別人的臉上看到對自己失望的表情。

　　虧宇翎、孟桉還特地陪我一起來歐洲當背包客，這些旅費是她們一點一

滴賺來的，我真的太失敗了，已經不是用對不起就能換來原諒的事了……

我對不起他們，對不起……一直相信我會成功，帶來好消息的父母。

⬩ ⬩

隔天，我努力掩飾我的難過，一早就坐在大廳剝橘子，每個人經過都被我直接塞進一整顆橘子，沒想到有天我會用橘子掩飾我的悲傷，有點哭笑不得的感覺。

「今天晚上我請大家吃飯！」曾哥一出來就說：「吃高級的喔！跨國刷卡！」

「行！」胡老師站起來拍手：「這就是該有的態度！」他難得和曾哥一起浮誇，他肯定清楚知道什麼事了，不僅視線巧妙躲過我，就連笑聲都很尷尬。

關哥接著說：「今天早上我們有看到便宜的車票，可以直接到波蘭，大家要一起去嗎？拉脫維亞、立陶宛的老城區都比較相似些，想說可以直接往下到其他國家。」

「我就先不了，我後天要先回大阪看我父親，他身體不好……」太郎因為中文沒有很好，所以講到一半就轉過去用一大串日文和胡老師溝通，再由胡老師向我們翻譯。

原來，太郎的父親身體長了兩顆腫瘤，需要檢查才知道是良性還惡性的，但他實在太擔心了，擔心到沒辦法進行接下來的旅程，於是決定親自回家了解狀況，並陪在父親身邊，聽完後每個人都安慰太郎，希望他的父親能一切順利，也被他的孝心感動。

「我們等下討論好跟你們說！」接收到曾哥詢問的眼神，宇翎笑著說：「因為可能有朋友也會在拉脫維亞，剛好可以碰面吃飯。」

「妳們朋友也來當背包客啊？」曾哥驚訝地說：「那怎麼不一起？」

「她是從土耳其那邊開始旅行的，我們慢慢往南、她慢慢往北，剛好在拉脫維亞的時候會碰到面，但我也不確定哈哈！是我的朋友，孟桉跟慕盈都不

認識，原本我們說好在拉脫維亞碰面，但也沒有很詳細的約好時間、地點，我跟她連絡後跟慕盈、孟桉討論行程，看要我們三個人分開走，還是去拉脫維亞跟朋友碰面，或是跟大家一起先到波蘭！」

「好！妳們決定好跟我說，盡量在晚餐的時候喔！因為我晚上要訂車票，想說可以一次幫大家訂，取票、換票的時候比較方便。」

「好的，謝謝曾哥！」我們三個人紛紛表示感謝，接著就前往拉赫馬國家公園 Lahemaa Rahvuspark，這裡是塔林最著名的沼澤公園，也是歐洲最大的國家公園之一，大到我們走不完差點錯過晚餐時間。

太郎表示今天先不跟大家走，想要先了解一下家裡的狀況，順便將一些還來不及寫的明信片寫好寄出，如果時間允許也想訂一下機票。

我們和太郎揮手道別後就一起前往拉赫馬國家公園，這次是由孟桉帶路，上哪台公車、哪站下車都由她負責，不要看我們孟桉一副笨笨的樣子，在旅行的時候也是很可靠的。

⬆ 看起來永無止盡的拉赫馬國家公園步道。

「這是？」下車後，曾哥看著一片荒蕪的空地，先是搔了搔頭，再納悶地說：「這裡是哪裡？連入口都沒看到，是不是走錯了？」

「沒有，真的啦！真的沒有，我看地圖上面，是寫說要再走個五分鐘左右。」孟桉舉高手機，一副這樣就會比較有訊號的樣子，再放下來緊盯螢幕，再三跟我們保證，真的沒走錯路，雖然她看著眼前的空地，也覺得很困惑。

過五分鐘後，換關哥表達疑惑：「但照理說，應該要有一個路牌、招牌什麼的，這裡怎麼都沒有呀？」

「我也不知道……」眼看前面一大片空地，但導航已經結束，孟桉顯得慌張。

「在這邊！」此時救世主宇翎登場，入口處並沒有任何招牌，至少我們是沒看到啦！眼前有一大片松林，且中間有一條很明顯整理過的步道，跟我們前面走的小石子路明顯不同，看來這就是拉赫馬國家公園入口了。

「我就說吧！入口真的就在這裡。」孟桉超開心自己成功帶領大家到達，我也立刻拍手給她鼓掌，果然我們呆竹就是厲害。

「呆竹妳真棒……」如同前面說的，雖然陳映竹已經改叫陳孟桉了，但她的綽號還是叫呆竹，非常偶爾才會叫桉桉。

「呆竹果然就是不一樣！」

「呆竹妹妹妳最優秀了，一看就是機靈的孩子。」曾哥立刻向前來跟孟桉擊掌。

「連曾哥都叫我呆竹了呀……」孟桉苦笑。

「我前面應該有叫過吧？」曾哥一邊開懷大笑，一邊領著大家往前走，一副他已經來過好幾次的樣子。

進入松林後，我們發現樹幹有很多種顏色，有紅色、褐色還有黑色，總之真的蠻多顏色的，但不知道為什麼拍出來沒有那種感覺，旁邊有很多的苔原，也是各種顏色，包括紅色、褐色、綠色、黃色，有告示牌警示遊客不要走到苔原上，基本上下面就是沼澤，一旦踏入了，後果不堪設想，總之走在

整理、開發過的路上就好，經過一大片松林後，會看到一個超大的湖，每處都有湖光倒影，一點動靜就能搖曳層層漣漪，隨手一拍都很漂亮，就像仙境一樣，不該存在在這個世界的美景。

接著就是一望無際的苔原，還有一條木板路，偶爾寬度可以一次走兩個人，但大部分都只能一個人走，走一段路後才有休息區，休息區一樣是木板，但會變成能一次三個人並行，還有窄窄長長的木頭椅，可以讓人靠著休息。

「我老了，我不行了，要休息一下……」曾哥宣告陣亡。

「我也想休息一下……」關哥立刻打開背包拿出堅果，而胡老師直接順勢坐在旁邊。

一瞬間木頭椅就被坐滿了，所以我們三人決定先往前走，走到下個有椅子的地方等他們，沒想到這一走，就再也沒看到椅子了，這裡真的好大呀！

「嘿！其實……我根本沒朋友會到拉脫維亞，我只是擔心妳可能心裡不舒服，畢竟我不知道昨晚發生什麼事。」宇翎接著說：「妳知道妳只要說出口，我們都願意聽妳說的吧？」

原來，宇翎前天晚上最晚洗澡，在出去洗澡前，不小心看到我偷偷哭腫的眼睛，當下假裝不知道，就為了給我一點空間。

「對呀！有什麼事就說出來吧！誰欺負妳了？快跟我們說！」孟桉緊接著說。

我有表現的這麼明顯嗎？

「妳根本強顏歡笑，但我們可能跟妳太熟了，知道妳很鬱卒。」我還沒問出口，宇翎就說了。

天啊！這莫非是肚子裡的蛔蟲？

「我就……」想到要說出口，就覺得有些哽咽。

「誰讓我們家慕盈受委屈了？」孟桉立刻給我大大的擁抱，難得宇翎也向前抱了我一下：「沒關係，妳可以慢慢說，他們應該要一段時間才會跟上來。」

「我一直想找機會跟妳聊聊這件事，但旁邊都太多人了，不好直接問妳發生什麼事。」宇翎是一個很溫暖、細膩的人，常會發現很多別人沒注意到的細節，像是如果今天大家一起坐下來吃飯，她會去注意誰吃得比較少；或者出去玩花錢，她會替出錢的人要回錢，因為怕那個人不敢跟大家要，總之她很貼心，就是會把一個人照顧得好好的，顧慮所有人的心情，永遠的付出，總讓我很想照顧她，孟桉也是，她們都是！

我們就是這樣一路彼此照顧著，約好要六十歲一起坐在搖搖椅上聊天，如果遇到壞男人就要三個人一起住。孟桉太吵會吵到宇翎，所以孟桉住一樓、我住二樓、宇翎住三樓，總之除了各自未來要做什麼，彼此關心以外，對於未來的養老生活，我們也有了打算。

⬆ 赫馬國家公園內的湖，倒映著許多景物。

「昨天，曾哥、關哥找我去大廳，跟我說他們要跟胡老師續約的事⋯⋯中間因為一些原因，所以最後決定不跟我簽約，原本他們想說讓我寫台中的旅遊書，但後來又說近年來旅遊書一直都賣不好，尤其是中、南部的旅遊書。」

我在說話的時候，孟桉、宇翎都緊皺著頭，眼睛直視著我，想讓我知道她們真的很關心這件事。

「總之最後關哥、曾哥覺得與其讓我去寫其他地區的書，不如讓我去跟其他也有出台北旅遊書的出版社簽約，他們人很好，介紹了我三間出版社，雖然那幾間出的書台灣沒有賣，但他們是說我可以任選一間，他們再把我介紹過去。」

我好像本來運氣就很不好，從小到大做什麼都會失敗的樣子，之前都會抱持著隨時會有變動的心態，但不知道為什麼，這一次因為都被邀來一起旅

行了……信件中也説很榮幸能跟我合作，所以在來的時候，就已經抱持著一定會簽約的心態。

「我不是很懂，為什麼胡老師跟出版社簽約，妳就不能寫台北，難道是胡老師不讓妳一起當台北的駐台作家嗎？」孟桉在聽完後，立刻打出直線球，一個讓我已經盡量躲開的話題。

「胡老師好像對這件事很感冒、生氣，因為當初曾哥找我的時候，他們根本還沒正式解約，只是胡老師口頭上説了好幾次的想退休，曾哥就擔心他會不會突然人間蒸發，導致書籍出版大延後，所以直接找了我來當新的駐台作家……其實我是能夠理解胡老師的心情，也能夠懂曾哥為什麼那麼著急的找新作家，也可以説他其實沒有很著急，就是這麼剛好的我寄了自薦信、作品集過去。」

宇翎説：「我們家慕盈受委屈了，他們兩邊沒説好，讓妳現在裡外不是人，看到胡老師也很尷尬對不對？」

我露出超尷尬的表情：「我們昨天講的時候在大廳，我有看到胡老師原本

↑走了許久的路，卻有著讓人想繼續走下去的魅力。

要過來，但發現我們氣氛不太對，就突然止步轉身離開了，然後今天他也一直迴避我，我有明顯感覺到。」

「對！我也有發現，所以我才說我有朋友會在拉脫維亞，想說這樣講，至少我們沒有跟著去波蘭，也不會像是因為我們覺得尷尬之類的。」

「我是覺得，都已經說沒有要簽約了，還跟著去波蘭……會不會讓他們有無形的壓力之類的，就有點不會看臉色之類的？至少我知道胡老師肯定很尷尬，而且太郎沒有要一起去波蘭。」我在說的同時，宇翔也跟著點頭。

「哈哈哈哈哈！我懂！能緩解氣氛的人不在！」就連孟桉也懂我們在顧慮什麼。「那我們就不跟著去波蘭囉？妳中間還是會跟曾哥、關哥保持聯絡吧？」

「那當然，這是基本的禮貌哈哈！我們去哪裡我都會傳張照片給他們看的，讓他們知道跳過拉脫維亞、立陶宛後，錯過哪些風景。」我揶揄的笑。

「對了，妳有開始研究三家出版社了嗎？」宇翔問。

我老實的回答：「我昨天晚上其實沒怎麼睡，差不多在早上五點的時候我就起來滑手機了，大概看了一下也比較了一下，因為我的夢想是有天能在書局裡看到我出版的書，所以其實我有想過要投稿另外兩家出版社，看情況怎麼樣……」

「但這樣不是就要花比較久的時間？」孟桉說：「是不是就等於整個重新開始？」

「關於這點……」突然一堆情緒湧上來，我也不知道怎麼回事，我轉過身背對他們，然後說：「對，是直接重新開始沒錯，雖然他們有給我三間出版社做選擇，但我……」我突然整個哽咽。

「沒事，我們這趟本來就是畢業旅行啊！不是一路上都玩得很開心嗎？」宇翔拍拍我的肩膀：「比起這個，看到妳受委屈，更讓我們心疼、難過，妳知道知道妳需要我們的時候，我們永遠都在就好。」

1 **2**　**1** 一起委屈的三胞胎。　**2** 努力逗大家開心的宇翎。

「我只是覺得，都走到這裡了，我還是想先試一下，想要看看是不是能靠自己的實力，找到一間出版社，不僅在台灣出書，還能在香港、新加坡、馬來西亞、中國、澳門同時出版。」目前曾哥、關哥提供的出版社，只有在香港、中國會販售，但我想讓自己的野心更大點，想要試試看，自己到底可以走到哪裡。

「真的很謝謝妳們，有妳們真好。」我開心的抱著她們倆，而過了半小時後，我們也再度跟曾哥他們會合了。

只記得最後孟桉說：「妳是我最厲害的李慕盈欸！妳一定可以的！」讓我感受到滿滿的溫暖。

昨天我還很委屈，覺得自己是世界上最悲慘的人，但事實證明我不是，而且還很幸運，關哥、曾哥他們其實可以直接不管我，把我丟到一邊，但他們卻還為我著想，提供三間出版社給我，等於幫我開了三條路走，而孟桉、宇翎從頭到尾都支持我，在我最需要她們的時候，她們一直都在。

其實我是幸運的，只是每個人在成功以前，難免不斷懷疑、否定自己，畢竟等待我們的可能只有無限等待、遙遙無期、撕心裂肺的心痛。

那種，不知道夢想是否能達成的焦慮，腦海裡無限思考導致的無形枷鎖，真的非常恐怖。

晚上，我們抵達了愛沙尼亞最有名的西餐廳 Rataskaevu16；這家餐廳有名的原因，除了它古色古香，有像電影裡會出現的超斜小閣樓外，最重要的是它的餐點非常便宜，一套高級晚間套餐，含麵包、湯、飲料，只要台幣四百至六百元不等，這在物價昂貴的歐洲裡，簡直是破天荒的價格，而每道料理擺盤吸睛、水準很高，讓人不得不讚嘆。

雖然曾哥老早就預約餐廳甚至提前點菜，但我們七人包含太郎，還是被分成兩桌，理所當然的我們三個人又坐在一起，而太郎則是陪著胡老師，和曾哥、關哥一起坐。

在前往餐廳的路上，我們就已經跟曾哥、關哥說好，之後在拉脫維亞有朋友會來，因此要先跟他們分開，他們也表示沒問題能理解，並說有緣分的話看在哪個國家再見面，而我們當然開心地答應，之後如果沒有意外的話，會再相聚。

「今天這頓晚餐，為什麼阿曾我要請呢？」

首先曾哥站起來，將酒杯用小湯匙輕輕地敲吸引大家注意：「因為明天咱們就要離開愛沙尼亞，而太郎、三胞胎都要啟程前往屬於自己的旅程，我們因緣分而聚在一起，也因延續未來緣分而暫時分開，請大家不要因為現在在愛沙尼亞，就以為自己在中古時代，這個世界有個東西叫網路，可以把大家更緊密的結合，答應我隨時保持聯絡。」說完便高舉酒杯，而我們也趕緊將酒杯舉起，所有人都看了彼此，再將酒杯裡的酒……我跟孟桉是玻璃杯配果汁，一口氣喝完。

「其實妳們不用喝完的，可以喝一口意思意思就好。」看到三胞胎都把杯子裡的酒、果汁喝完，胡老師就像看到自己女兒一樣，慈祥的微笑。

很明顯胡老師知道我們要走後，就改變了態度，或許是覺得至少不要再那麼尷尬吧？

接著曾哥繼續幫大家倒他剛在這餐廳買的新白酒，當然大家的杯子都換

了新的，此時胡老師遞給我白酒：「還是喝一點吧？慕盈，我想敬妳。」胡老師將手中的酒杯舉起。

「我也想敬胡老師……這趟旅程能認識老師，是我的福氣，我從老師身上學到了很多，之後回去台灣，一定要買老師的書來看！」我趕緊拿著胡老師給我的白酒，輕敲了他的酒杯表示敬意。

畢竟晚輩要先向長輩敬酒才是，尤其胡老師是我的大前輩。

「哈哈！妳真的很有禮貌，妳們三胞胎都是，妳們的父母有妳們這些活寶，應該很幸福，真的都很乖、心地善良、家教很好！」胡老師很開心的回敲我的酒杯。

喝完這杯白酒後，我們之間沒有任何不愉快，應該說我本來就對胡老師沒什麼意見，只是不幸成為這次事件的犧牲者罷了。

當然，經過一天思考後，我將許多負能量轉成正能量，接下來很辛苦又如何？

哪個人成功前，不先跌跌撞撞呢？

何況我很幸運，這次如果不成功，我還有曾哥、關哥兩個大靠山，在後面幫我呢！

1 | **2**　　**1** 知名西餐廳 Rataskaevu16 的料理，每道擺盤都高水準。**2** 暖色的光使店內更有氛圍。

⬆ 松林倒影映在沼澤上，是難得一見的美景。

⬆ 忍住不哭委屈巴巴的慕盈。

12

生活中的小確幸，支撐你、給予你力量，就像得到一個小火苗，雖小卻堅定地閃爍，給予溫暖、光芒。

三胞胎的咖啡館

LATVIA, RIGA
拉脫維亞｜里加

旅途中：

有開心、有悲傷，也迎來夢碎

隔天一早，與出版社分別、打起精神後，三胞胎三人坐上前往拉脫維亞的巴士。

在坐上巴士前有個小插曲，我一直以為前往拉脫維亞的巴士，會是巴士站門口的藍色小巴士，那台巴士真的超級可愛，長得超像露營車，我們三人都紛紛和那台小巴士拍了獨照，直到進去巴士站，發現要改坐紅色大巴士後，我露出了失望的表情，這個反應逗樂宇翎，她

↑ 被大家不停誇讚的藍色小巴士。

狂笑說怎麼可能會是外面的藍色小巴士，要前往拉脫維亞，肯定會坐大巴士。

好吧⋯⋯又一個美夢破碎了，我在心裡默默逝去眼淚。

帶著非常鬱悶的心情上車，整趟車程原以為會很安靜，但卻意外傳來不少我驚呼的聲音。

「嘿！我剛剛去廁所的時候，發現一件大事！」在行駛的路上，我難掩興奮之情，劈哩啪啦的狂講話。

我超開心的將手中紙杯暫時藏起來，接著對孟桉說：「妳看！這是我送妳們的禮物！」我遞給孟桉一杯暖呼呼的熱可可。

接著，我又走過去給宇翎遞了杯抹茶拿鐵，宇翎忍不住問：「怎麼會有這個？」

宇翎難得露出像小孩子般的笑容。

「這巴士上有免費的咖啡機！」我指著廁所前的咖啡機，開心的笑著。

我發現免費咖啡機的心路歷程是這樣的⋯⋯

會發現呢！是因為我跌跌撞撞的跌進廁所裡上廁所，套一句老一輩人常

167

説的話：「皇天不負苦心人、好心有好報。」至於好心在哪？我上廁所前先讓一位小朋友進去上廁所了，進去的時候那廁所可真髒，我還清了一下，當然好好洗手、整理乾淨後才用咖啡機的……

怎麼有種越說越髒的感覺？

至於皇天不負苦心人，我前天晚上還不苦嗎？好在老天有眼，賜予我免費咖啡機，要知道在歐洲喝杯飲料，多貴啊！

能喝熱可可、抹茶拿鐵、熱奶茶免費喝到飽，是件多感人的事？

只有像我們這樣自己付錢出來旅行，看著錢包越來越扁的人，能夠完全體會這樣的感動。

總之，在塔琳前往拉脫維亞的路上，小小咖啡機就帶給我們大大幸福。

在離開關哥、曾哥後，就會少不少驚喜，像是中午點餐後，突然他們要請客，或早上起床時，會有免費的果汁、早餐可以享用；對於出版社的大家，我們要和他們分開其實也是捨不得的，但這是沒辦法的事，我想只有暫時分開，才可以緩解胡老師、曾哥之間的誤會、矛盾，還有尷尬的氣氛。

「到了！」聽到巴士開門的聲音，我們三人飛快的坐直，在等待排隊下車時，我們三人都還坐在位置上，因為我們背包真的挺大的，怕會讓其他要下車的乘客不方便。

「終於！」搭乘了四小時，在這中間我和宇翎、孟桉都在試喝咖啡機的各種飲料，連同車上的其他人也一起注意到這個咖啡機，每個人都因為這小小咖啡機而感到快樂，甚至要下車的時候，還有點捨不得。

拉脫維亞首都里加，是波羅三小國裡最大的城市，最著名的景點是黑頭屋和大教堂，而黑頭宮 House of Blackheads 為塔林黑頭兄弟會在里加的聚會場所，參觀門票為六歐元，我們為了省錢所以沒進去，想起來真的挺後悔的；聽說裡面很華麗，而且可以看到中古世紀兄弟會成員們的豪華會議廳，這組

織是在 1399 年愛沙尼亞和拉脫維亞的年輕未婚外國商人所成立的，可見一定裝飾的超浮誇。

1 2　1 里加的電車直接穿越在街頭裡。 2 拉脫維亞的屋子都很可愛有很多扇窗戶。
3 4　3 總會在街頭中看到一些意外驚喜。 4 就連公園樓梯也特別設計的里加。

　　愛沙尼亞塔林有三姊妹屋，拉脫維亞里加著名景點則是三兄弟屋 The Three Brothers，這三棟房屋展現了中古世紀各時期的建築風格，很有趣的是，要辨別哪一棟房屋最古老，直接觀察窗戶就可以知道了；依年代不同由右至左分別是 17 號 Oldest brother、19 號 Middle brother 和 21 號 Youngest brother，只要窗戶越小就代表繳的稅越少，因此就能辨別 17 號 Oldest brother 是最古老的，在最古老的年代有徵收窗戶稅，所以它的窗戶超級小，小得很可愛，建於 1490 年。

1 2　　　**1** 里加熱門冰淇淋店，排隊排到門口。　**2** 夜晚許多飆車族都會聚集在酒館喝酒。

　　我們從下車後，就一路尋找住宿的地方，孟桉的行李超級多，除了有她的大包包外，還有兩個大提袋，她不小心買太多東西了，看著她一個人在後面慢慢走，我和宇翎於心不忍，最後的最後，變成我們倆輪流幫她拿東西。

　　終於抵達住宿後，我們休息一陣子才出來，因為宇翎覺得坐車坐到有點累，孟桉也決定要重新整理她的大袋子，看看能不能縮減成一個袋子就好，我則是在這段時間查要去哪裡，最終我選擇了一家超有名的冰淇淋店。

　　等宇翎、孟桉出門後，我們二話不說前往冰淇淋店，這家冰淇淋排隊排得很長，甜筒也是手工製作的，冰淇淋口味有很多種，雖然有很多沒看過的口味，但我還是點了我最愛的開心果、榛果口味，吃完冰淇淋後，我們簡單逛逛里加，接著到晚上時，隨便找一家餐廳吃飯。

　　里加路上有很多重機，非常多的飆車族，在路上會一直聽到引擎轟轟的聲音，而且他們都會在額頭、手臂上綁紅色絲巾，超像電影裡會出現的畫面，回到旅館後，我將今天拍到的照片分享給曾哥、關哥，他們也傳給我在波蘭買的紀念品照片，互相道了晚安後，便和宇翎、孟桉一起寫了今天買的明信片，之後便早早進入夢鄉。

⬆ 知名景點三兄弟屋，其中最右邊那戶，窗戶多到一時數不出來。

⬆ 必訪的景點黑頭屋，外型也很壯觀。

13

喜歡一個東西就變得像小孩子一樣，無論歷經多少曲折、摧殘、壓力，都能在喜歡的東西前，露出開心的表情，人生是可以美好的呀！全取決於心態變化。

不見的四歐元

LATVIA, RIGA

拉脫維亞｜里加

· Rīga

旅途中：

有開心、有悲傷，也迎來夢碎

在拉脫維亞只待了短短的三天兩夜，在離開前的最後一天，我們無意間來到了小市集，在這裡有許多很有特色的小攤販、特色店家，老闆們幾乎都是職業畫家，會直接在攤販上畫畫。

1 2　　**1** 掛著許多旗幟的特色店家。**2** 將許多小物擺在店門口當裝飾的小店。

　　「這個是哈利波特的俄羅斯娃娃欸！」身為哈利波特迷的我，在逛了很多攤販後，注意到一家專門賣俄羅斯娃娃的小攤販。

　　這家俄羅斯娃娃的老闆，現場拿著畫筆在畫，除了有哈利波特的俄羅斯娃娃，包含史努比、復仇者聯盟、迪士尼，都在他的畫筆下栩栩如生，我毫不猶豫問起價錢。

　　「13 歐元。」攤販老闆回答價錢的同時，宇翎用十分震驚的表情看著俄羅斯娃娃，肯定是覺得這怎麼能那麼貴。

　　「能不能算我 9 歐元？」我難得用我的破英文繼續殺價，意外地老闆的英文好像跟我一樣爛，最後他總算同意……也可能是放棄溝通，總之將哈利波特俄羅斯娃娃賣給了我，雖然依舊貴了些，但有些東西錯過就再也買不到，而且老闆畫得真的超像，將俄羅斯娃娃打開後，依序出現榮恩、妙麗、石內卜、麥教授。

　　未料過幾分鐘後，出現了轉折……

↑ 不惜砸重金也要買的哈利波特俄羅斯娃娃。

「欸！這裡也有賣俄羅斯娃娃只要 10 歐元耶！」孟桉大聲吶喊著，我則是默默在腦中催眠自己，那裡的俄羅斯娃娃沒有哈利波特版的，我買得絕對是最好的，當然最後我在離開 10 歐元俄羅斯娃娃攤販時，還是從眼角看到哈利波特的俄羅斯娃娃，雖然長得不一樣，但我深信我的還是最好的。

「可惡啊……」好吧！可能我真的被騙了，但又怎麼樣呢？我可是殺價殺到 9 歐元耶！而且以歐洲來講，能用這價錢買到心儀的紀念品，真的很不錯了！

逛完市集後，我們隨意走走，最後走到了一個公園，拍了很多照片，坐在那邊休息很久很久，其實出來旅行，最棒的絕對不是趕行程，去所有知名景點拍照打卡；我想旅行真正的意義，是能讓你心靈放鬆，甚至是像我們這樣，想休息就休息，想逛哪裡就逛哪裡，這才是真正的旅行呀！

「心情有好多了嗎？」在看著草地發呆時，宇翎突然遞給我剝好的橘子，這趟旅行無論去哪個國家，我都會去超市買小橘子，然後剝給宇翎、孟桉吃；但自從離開愛沙尼亞，來到拉脫維亞後，在短短兩天裡，她們幫我剝了不少次橘子，甚至在餐廳吃飯時，甜點有冰淇淋都會幫我點，非常小心翼翼地照顧我。

「還行！就重新等待……」自從香港出版社說無法與我合作後，短短兩天我不斷寄信，和心儀的那兩家出版社進行接洽、聯絡。

不試白不試，我相信只要我不放棄，事情總會有轉機，雖然之前等待回覆一等就等將近一個月，甚至更久，但我想只要我願意等待，好消息總有一天會來。

「其實，這兩天妳好像都沒笑……唯一一次好像就是剛剛看到哈利波特俄

羅斯娃娃時……」難得看到孟桉露出擔心的表情：「看到妳這樣，我好想哭，怎麼那麼可憐……」

「不可憐啦……不用擔心，我還是會繼續努力的，就算現在這兩家出版社沒有回覆我，曾哥他們也說會推薦我到另外三家出版社呀！所以沒事的！」原來，我這幾天的心情，宇翎、孟桉都是知道的。

自從和出版社他們分開走後，我每分每秒都很焦慮、鬱悶，只要安靜下來，心思就在別的地方，雖然如此我還是繼續努力、堅持、不放棄。

因為，所有人都可以放棄你，只有自己不能放棄自己。

⬆ 就連公園都非常漂亮，讓人忍不住停下腳步。

⬆ 有些事就算沒說出口，有些人依舊會懂。

⬆ 三胞胎在公園裡快樂拍照。

夢想的
「中」點，圓夢

DREAM'S "MIDDLE" POINT, DREAM COME TRUE

是完成，也是全新的開始

03

看似疲憊不堪、心亂如麻，實則提起勇氣重振旗鼓，若每人遇到挫折都能擁有如此膽識，就會發現原先視野多麼渺小。

突如其來的驚喜

LITHUANIA, VILNIUS

立陶宛｜維爾紐斯

• Vilnius

夢想的「中」點，圓夢：

是完成，也是全新的開始

離開拉脫維亞首都里加後，我們抵達立陶宛維爾紐斯。

我們住的地方不僅便宜還很漂亮，是樓中樓套房，有超大沙發跟一張雙人床，看到雙人床後，我毫不猶豫地選擇沙發，因為雙人床沒有到非常非常大，為了妹妹們，是的，我比她們大五天，我願意犧牲小我、完成大我睡沙發。

況且，根據我微薄的記憶，宇翎在芬蘭鬧鬼套房裡，選擇睡腳對著門的位置，十分懂得犧牲奉獻，於是我決定也成為一位善良的孩子，將雙人床讓給雙胞胎睡。

1 2　**1** 外觀看起來充滿神祕感的立陶宛住宿。　**2** 二樓雙人床有透明大窗戶，從一樓就可清楚看到。

「我睡沙發喔！」我直接將我的大包包放在沙發前的地板上。

「妳確定嗎？也可以三個人睡上面呀？」宇翎立刻阻止。

「對呀！我想三個人一起！」孟桉試圖將我的大包包移開沙發。

「沒關係啦！我睡下面就好了，妳們想我的時候可以往下看，反正窗戶是透明的！」這間樓中樓很酷的地方是，她們在樓上可以直接看到一整個客廳，因為根本沒有牆壁，只有超大片的窗戶玻璃。

「好吧……既然妳都這麼說了，那妳在下面記得想我們……」孟桉看我心意已決，只好作罷。

↑ 在民宿烹煮愛心晚餐。

因為這間樓中樓套房也有廚房，所以我們決定在維爾紐斯的這幾天，都煮飯來吃，不過最後的最後、前前後後，好像也只煮了一次而已，那就是在立陶宛的第一天晚上。

第一天晚上，我們沒什麼逛逛，只去了超市買食材，接著就沿路走回住宿的地方煮飯，這次我們只煮了簡單的泡麵，還有超市本來就已經烹飪好的烤雞，當然還有買幾個小橘子當飯後水果。

「然後我就這樣『碰』一聲跌下去！真的超大力的那種……」每當回到住宿的時候，孟桉就會滔滔不絕，尤其當我們不是住青年旅館的時候，她總是變本加厲，聲音越來越大聲、浮誇的動作也超級多，她是我們的開心果，會講很多很好笑的事情，總是講她在各種地方發生的事情，去了哪裡旅行、做了什麼荒唐事，搭配一堆動作和浮誇語調，活在自己的世界、自我陶醉，是她個人招牌特色。

這時宇翎和我就會沒品的錄下來，宇翎更會直接發布在社群限動上故意標記孟桉。

「妳們幹嘛啦！」看到動態的孟桉總是假裝生氣，接著繼續自顧自大笑。

在立陶宛時間過得很快，在離開愛沙尼亞後，我總是魂不守舍，每天過得焦慮、緊張，正當我試圖緩解心情時，也已經是在維爾紐斯，也就是立陶宛首都的第二晚上。

那天我邊洗著碗，邊等待宇翎洗澡、孟桉吹頭髮；在晚上十點多，我收到突然而來的驚喜。

那是一封長長的郵件，來自香港長空出版社。

「Dear 慕盈，

您好！謝謝您的來信。先來自我介紹，我是 Heather，長空出版的編輯，主要負責台灣部分的旅遊書。

看到您對旅遊及寫作的熱愛，很高興能認識您，也許之後我們能在不同的範疇合作。我們的出版社的工作主要有幾個方面，第一是出版，就是閃令令旅遊書，總共有 44 本，主要介紹的地方是亞洲地區。除了我們公司內部的記者會出國採訪之外，我們也會請駐地作家合作，找新的景點、流行好玩的東西，幫忙更新旅遊書及各社交平台的內容。

另外的就是各社交平台，我們有 FB、IG、Website，及 YouTube 平台，也有 App（提供旅遊資訊，也有優惠等等），您也可以去看看先了解一些。

若是方便，希望您能在近期抽空來香港碰面，談一談，讓大家多了解一些，或許能訂在 5 月 2 日下午 3：00 後見面聊聊？當然目前您不在香港，可能有其他時間上的安排考量，若有其他方便的時間，我也會盡力做安排、配合。

因為您的履歷實在驚為天人、豐富又有趣，總編請我一定要趕緊與您約時間見面，附件為我們的合約條款，您可以先看過，有需要修訂、疑問的地方，歡迎直接電郵詢問。

另外，我們的地址是香港北角電氣道 XXX 號百家利中心 XX 樓全層，如果您坐地鐵的話，炮台山 A 出口最近。

最後，不知道您有沒有其他想嘗試的排版、寫作風格，甚至是想要採訪的店家能提供給我們？我們可以根據您提供的資料，先做初步的設計，並於當天與您討論。

如果您有其他的問題，可以用電郵找我，也可以用 Line、WhatsApp 跟 Telegram，電話 852 XXX896XX，謝謝。」

看到信的瞬間，我倒抽了好大一口氣，時間就像禁止般，我清楚地聽到心臟蹦蹦跳的聲音，一下、兩下、三下。

感覺到臉頰熱熱的，淚水在眼框裡打轉，我不停地來回走動、重覆看著信件內容，甚至不敢按重新整理、離開頁面，將信截了一張又一張的圖，確認對方真的留下所有相關聯絡方式後，趕緊把信件中的 Line、電話存起來。

接著我呆坐在沙發好一陣子，捏了捏臉頰確定不是在作夢，直到孟桉吹完頭髮坐到我旁邊。

「妳猜今天阿江會洗多久……妳幹嘛？妳是在思考人生還什麼？發呆？幹嘛不講話？妳不理我喔？」我索性將手機直接遞給孟桉，原本她還沒搞清楚狀況，後來在看完信後她直接大叫：「江宇翎！不要洗澡了趕快出來！有好消息耶！」接著不停地跳躍再跳躍，活像中了樂透一樣。

「幹嘛啦？不要吵，小心吵到旁邊的住戶，李慕盈妳管管她，不要放任她在那邊吵……」伴隨著水聲，宇翎後面在講什麼，其實我們也聽不太清楚，但最大的重點應該就是要我遮住孟桉的嘴。

只可惜我腦袋一時無法運轉，只好放任孟桉不停地大叫。

過了好一陣子，其實可能也才三十秒而已。

「嗯！我要走了！」看來是該訂機票了，我自顧自地起身、來回走動，接著手機就轉到訂機票的畫面。

顯然的旁邊的孟桉不可能那麼安靜，放任我獨自訂機票：「什麼？妳要走去哪裡？」她問。

「5 月 2 日下午三點後……扣掉今晚，不就三天後？」我看了看日期。

孟桉同時拿出手機，打開日曆，確認日期後就說：「對耶，時間好近喔！」

接著，剛洗好澡的宇翎，開門後劈頭就問：「所以，妳們在吵什麼？」

我和孟桉很有默契，一左一右地拉著她的手往客廳移動。

「等一下啦！還沒有吹頭髮……」宇翎的頭髮還很濕，滴了很多滴水在地上。

「剛剛長空出版社回覆我了，問我可不可以和他們見面聊聊，日期訂在 5 月 2 日！」我在講時，看著宇翎表情的變化：「雖然時間可以做調整，但我不敢賭……我怕改了日期、延後見面後，他們會中間突然反悔或有其他因素變化，所以……我要訂 5 月 1 日前往香港的飛機。」

「5 月 1 日？不是兩天後的飛機嗎？」宇翎頓時傻眼，傻到忘記自己的頭髮還在滴水。

「對……」我苦笑：「但我覺得我從這裡立刻飛過去，給他們的印象會很好，有積極的感覺？」

「當然！」宇翎點頭：「真的太替妳開心，李慕盈……我的朋友，妳怎麼那麼優秀？」

「我們最優秀的朋友……怎麼那麼感人，我都要感動到哭了……」孟桉立刻來討抱抱：「我們是不是意外參與到妳人生重要的時刻？好光榮喔！」

「妳們參與到我光宗耀祖的時刻。」接著，我不小心發現了一件大事。

我尷尬地說：「我爸媽還不知道我重新找出版社的事情，看來等下必須打通電話了……」

「這下尷尬了……」雙胞胎異口同聲地說。

接著宇翎說：「先讓我吹個頭髮，妳再打給他們。」

等宇翎吹好頭髮、孟桉心甘情願上床準備睡覺後，我走到廚房猶豫很久後，撥出了電話。

「嘿！老李！」接通後，我叫我爸把電話開擴音，讓坐在一旁的媽媽也能聽得到我說話。

位於里加顏色很可愛的粉色哥德式建築。

將所有事情簡單、快速的跟他們訴說，包含坦承原本要合作的出版社改變了計畫，要與原本作家繼續簽約，讓我只好旅途中另尋出版社的事實。

語畢，我緩慢地吐氣，膽戰心驚等候宣判。

「妳太讓我驕傲了女兒，妳就跟我一樣，媽媽小時候也是這樣的，什麼都自己去闖，我的女兒辛苦了，能有勇氣做這些事，媽媽真的替妳感到開心。」從電話裡頭，聽到媽媽雀躍的聲音。

↑立陶宛的街頭廣告都看起來很有質感。

「現在心情還好嗎？怎麼出事都沒趕快跟爸爸、媽媽說呢？妳一個小女孩都跟到國外了，還出事多危險啊！」爸爸慌張地問：「去香港的錢夠不夠？機票錢多少？爸爸給妳卡號，先把現金都留著，以防到時候身上沒有錢。」

「宇翎、孟桉都有陪在我身邊，沒事的！現在找到新的出版社，努力的一切就沒有白費了，是我自己太緊張，很怕沒有早點去香港碰面，會錯過簽約的機會，所以才急著打電話給你們，想跟你們說說我現在的狀況⋯⋯」

「傻孩子！有事就要跟父母講，簽約也是⋯⋯要先給爸爸媽媽看過才可以，我們這邊也有認識的法務，可以幫忙看看。」媽媽趕緊說：「爸爸都要幫忙處理飛機票了，什麼時候上飛機、下飛機，訂哪個航班，都要讓我們知道。」

「知道了⋯⋯」感覺自己的父母比我還緊張後，我哭笑不得。

聊了聊最近都去了哪，從愛沙尼亞就和香港出版社分開走後，我起身拿了衣服，準備掛電話要去洗澡。

在掛電話前，媽媽叫住了我。

「等一下！聽著女兒，妳是最棒的，無論成功與否都不重要，爸爸媽媽開心的是在沒有人逼妳的情況下，妳自己去開創了這條路。」媽媽感性地說：「從小到大媽媽就跟妳說過，我不要我的小孩多聰明多有成就，我只要妳們快樂、健健康康的長大，有自己的理想、追逐夢想的勇氣，懂得禮貌、謙虛就是我期望的，而我的每個孩子都做到了，其中一個甚至在國外追夢，女兒，媽媽太驕傲了……」

原來，人真的會感動落淚，明明只是通電話，卻讓我從裡到外暖了起來：「能聽到你們這麼說，天曉得我有多開心……」

沒想到爸爸媽媽會有這樣的反應，起初因為沒和香港出版社簽約，覺得丟臉、自責、害怕坦承，以為打了這通電話會受到許多的譴責、不認可，但卻收到了滿滿的鼓勵、讚賞；對於我改變計畫，另外找尋新的出版社，爸爸媽媽替我感到開心，對於我不放棄的行為更感到佩服。

經過與父母長達一小時的電話後……我終於放下心中的大石頭。

↑ 意外捕捉一處柱子，採用希臘風格設計，特別有意思。

⬆ 聖安妮教堂為羅馬天主教教堂，現在已被列為世界文化遺產。

⬆ 立陶宛最古老的東正教教堂 St. Paraskeva Church。

只有自己可以定義自己，拿什麼定義、用什麼來衡量，沒有對錯是非，只有想與不想。

Užupis 對岸共和國

LITHUANIA, VILNIUS

立陶宛｜維爾紐斯

• Vilnius

夢想的「中」點，圓夢：
是完成，也是全新的開始

立陶宛很有趣，本身是個國家，但在國家內卻有個國中國、微國家，叫做 Užupis 對岸共和國，是一個於愚人節建立，不被承認的微國家。

這裡的居民由詩人、藝術家、電影工作者組成，其中立陶宛語 Užupio 意思為「河的對岸」，不僅充滿前衛藝術感，還被稱為巴黎的蒙馬特。

起先宇翎說要來的時候，我們還不懂這裡有什麼特別的，直到我們在進入這個所謂的「微國家」，路過它們所謂的憲法牆後。

這邊的法條不僅很可愛，還被翻成多國語言，因為許多觀光客在牆前拍照，所以我們只靜靜站在遠方看，直到我瞇著眼、笑出聲。

「看到了嗎？憲法的內容！」我笑著說：「這也太可愛了吧？」

法條總共高達四十一條，光是讓人過目不忘的就有十條以上，清楚明瞭、超級白話又有趣、不修邊幅。

更何況，它們法條合理到，你會不小心產生共鳴。

『第二條，每個人在冬天都擁有熱水、暖氣、瓦片屋頂的權利。』

『第三條，每個人都有死亡的權利，但不是義務。』

『第四條，每個人都有犯錯的權利。』

『第五條，每個人有變得獨一無二的權利。』

『第七條，每個人都有不被愛的權利，但不是必須的。』

『第八條，每個人都有不傑出和不聞名的權利。』

『第九條，每個人都有無所事事的權利。』

甚至還有關於動物的法條。

『第十條，每個人都有愛和照顧貓的權利。』

『第十一條，每個人都有照顧狗隻直到其中一方死去。』

『第十二條，每隻狗有權去做狗。』

↑ 老舊的鋼琴，擺在河畔旁成了藝術品。

↑ 樹上掛滿的舊書，讓人忍不住多看幾眼。

『第十三條，每隻貓沒有義務要去愛牠的主人，但必須在需要的時候給予幫助。』

看到最後，我們三人忍不住點了點頭，因為實在太中肯。

『第十六條，每個人都有快樂的權利。』

『第十七條，每個人都有不快樂的權利。』

『第二十三條，每個人都有權利去了解。』

『第二十四條，每個人都有權利不去了解任何事情。』

『第二十七條，每個人都應該記住自己的名字』

『第三十一條，每個人都可以是獨立的。』

『第三十二條，每個人要為自己的自由負責。』

『第三十六條，每個人都有成為個人的權利。』

是的，這裡的法條充滿了人性化，也值得讓人靜一靜省思一下。

除了法條可愛有趣以外，Užupis 對岸共和國就位於維爾尼亞河對岸，進入前還有告示，告訴你需要遵從上面的規定才可以進入。

總共有四條包含保持微笑、限速 20 公里、儀態要像蒙娜麗莎般端正、小心斷崖，而在經過一整個下午，在裡面漫長的散步後，我很肯定這裡其實沒有懸崖。

看到告示牌後，我們接著過橋，橋的後面有個小小藝術村，不僅有壞掉的鋼琴、灑滿色彩的壁畫、樹上掛滿的舊書，就連橋下都還有一個破舊鞦韆。

「來到這裡，會讓人不知不覺心情變好。」孟桉拿起底片相機拍了一張又一張的照片。

「如果仔細看會發現，這裡沒有一處的風格是統一的。」就像窺探一位嚮往自由的藝術家，將畫畫得瘋狂，在崩壞色彩中帶出具有張力的視覺美。

1 **2**　**1** 慕盈假裝彈著鋼琴，後面還能看到小橋。
　　　　2 除了灑滿色彩的壁畫外，也有這種以黑線條為主的寫實風格。

　　沿途有許多的創作作品，每一個都會讓人不禁停下腳步，深怕漏掉細節的我，不知不覺放慢了腳步，畢竟這裡就連樓梯扶手，都能卡了一台壞掉的鋼琴。

　　其中我最愛的藝術品莫過於掛滿舊書的樹，這讓我忍不住想起昨晚經歷的一切；說真的，能夠在離開曾哥他們不久後，就成功連絡上自己心儀的其中一家出版社，是件很不容易的事情。

　　就像掉進地獄深淵時，意外地發現一扇門；打開後發現自己，找到天堂後門入口一般。

　　雖然還沒有正式簽約，但能夠與他們面談，並約好見面的日期、時間，對我而言又何嘗不是離夢想更靠近了一步？

　　看著那棵掛滿書的大樹，比所有藝術品都還要高聳、屹立不搖，就好像暗示我在達成夢想前，即使扛了許多壓力，累得喘不過氣，也要站得直挺挺的，面對失敗也不要輕易放棄。

　　有時轉個彎看到不同的景色，又何嘗不是在豁達中獲取新的機會？

　　哪怕只是一點點，我們也可以使手中的船舵，航行到更好的軌道，任誰都料不準事情的轉機，是否就是冥冥中最好的安排。

離開藝術村後，我們走入一條都是壁畫的小巷裡，看到很多藝術作品都來自廢棄的物品，那些東西在生活中並不起眼，像是壞掉的椅子、電腦鍵盤、黑膠唱片，甚至是吃過的罐頭、泡泡糖，還有凹到扭曲的水桶，都出現在牆上成為藝術品。

　　就這樣，在立陶宛的倒數第二天，也是我歐洲旅程結束的前兩天，我們花了一整個下午沉浸在這如同另一個時空，由藝術家們創造出的美好世界。

1 2
3 4

1 壞掉的椅背，直接被當裝飾品布置於牆上。　**2** 壞掉的鋼琴鍵盤藏於樓梯扶手下。
3 廢棄的房子在壁畫的裝飾下，也能重新展現價值，格外有意義。
4 進入 Užupis 對岸共和國後，所有人都可拋開約束做自己。

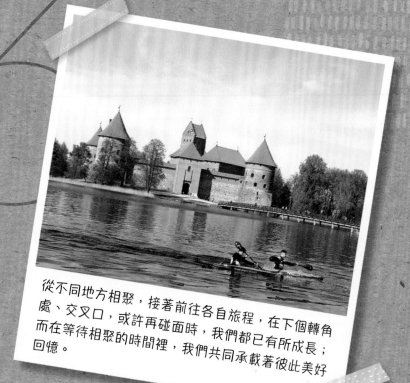

從不同地方相聚，接著前往各自旅程，在下個轉角處、交叉口，或許再碰面時，我們都已有所成長；而在等待相聚的時間裡，我們共同承載著彼此美好回憶。

水上城堡

LITHUANIA, VILNIUS
立陶宛｜維爾紐斯

· Vilnius

夢想的「中」點，圓夢：
是完成，也是全新的開始

「幾點的飛機？捨不得妳走……」在整理包包的時候，孟桉抓著我不放。

「妳的包整理好了嗎？有沒有需要我先幫妳們帶回去的東西？」

「不用，我自己帶就好……」

今天是我在歐洲的最後一天，歐洲之旅結束的有些突然，其實到了現在依舊沒什麼實感。

到了明天，我們三胞胎就踏上不同旅程了，我已經飛去香港和長空出版社見面，孟桉則繼續前往下一個國家波蘭，宇翎則是踏上夢寐以求的土耳其。

我們懷有各自的浪漫，踏上屬於自己的旅程，孟桉在波蘭待兩天後也要回台灣了，事發突然。

宇翎說這次我們的分別，讓她想起我們丟下她轉學的傷心往事。

「想說李慕盈離開就算了，怎麼陳孟桉也急著回台灣。」宇翎有點委屈。

「剛好看到很便宜的機票哈哈！」孟桉搔了搔頭，一副充滿歉意的模樣。

「因為今天是最後一天，所以我才一早把妳們挖起來，想趁搭飛機前，去看一下水上城堡。」今天一早我就叫雙胞胎起床，因為想去看位於特拉凱 Trakai Island Castle 東歐唯一的水上城堡。

1 **2** ◼1 各種款式的獨木舟都有。 ◼2 只要經過橋就可以抵達水中城堡。

「有點期待，剛剛上網看了照片，真的蠻美的。」宇翎難得對我比了讚。

「我們要去這麼浪漫的地方，這樣我會害羞耶！」孟桉邊說邊拿手機看了看時間：「天呀！現在才早上九點。」

「爽快出發吧！」我笑著將她們推出門。

前往特拉凱 Trakai Island Castle，車程只需三十幾分鐘而已，比我們想像的都還要短。

沒想到離首都維爾紐斯只需不到三十幾分鐘的車程，就能看到截然不同的美景。

「還沒看到城堡，沿路就這麼美了啊⋯⋯」下車後不到五分鐘的時間，在前往城堡的途中，我們就已經看到碧綠湖水、林間小徑美景。

孟桉因為心情好，所以難得加快了腳步：「這些小木屋，好像我們在波爾沃看到的，明明不同顏色，卻有統一格調？」

宇翎感慨：「來到這麼美的地方，怎麼是跟妳們呢？」

「不好嗎？我們這麼可愛，不知道多少人想跟我們一起漫步在這裡呢！」孟桉捏了捏自己的臉頰：「還是妳覺得美好的不真實？」

「⋯⋯」宇翎露出嫌棄的表情。

「覺得跟我們在一起很幸福對吧？」我不死心的追問。

「哇！好幸福！我怎麼那麼幸福？」宇翎假笑：「不就是準備丟下我的兩個人嗎？」

「我錯了，下次不敢看到便宜機票就買了。」孟桉假裝反省。

雖然特拉凱跟維爾紐斯的車程只有三十幾分鐘，但實際下車後，還有兩公里的路途，但因為沿途都有許多美景，湖泊上還有幾艘停著的獨木舟，所以實際上並沒有走很久的感覺；而我們在前往城堡的途中，順便去郵局寄了明信片，這也是我在這趟歐洲之旅寄出的最後一批明信片。

「看到城堡了！」孟桉興奮地說：「看到了嗎？紅色的那個是屋頂！」

這座城堡比我們想像中的還要巨大，比迪士尼樂園的城堡還要大三倍左右，至少在我眼裡是這麼大沒錯。

矗立在湛藍湖泊中，屹立不搖的雄偉哥德式紅磚城堡，想要前往城堡必須經過兩座木橋，其中一座會先抵達林木蓊鬱的小島，途中會看到不少天鵝優游其中，如詩如畫的場景令人讚嘆。

「城堡前居然還能划獨木舟……我以為只能在剛剛沿路經過的湖泊。」孟桉激動地抓住我們的肩膀搖晃：「我的男友呢？」

天曉得？天曉得他去哪裡了？

我跟宇翎眼神互看，確認對方心裡都在想這句。

「這城堡是屬於很大的那種，中古世紀巨無霸城堡……妳們看外面都還有超高城牆、塔樓，裡面肯定也有牢房、廣場。」讚嘆的拿出手機，我拍了好幾種不同角度的照片：「而且這波平如鏡的湖面還有城堡倒影，快點妳們誰去一下，我來幫忙拍照。」

「等妳這句話很久了！」先上場的是孟桉，她直接坐在地上，拍了很多張照片，接著宇翎，她做出了往前跑的動作。

1 **2** **1** 跳到城堡上方的宇翎。 **2** 人生難得一次可以跳這麼高的慕盈。

1｜2　**1** 從水中城堡回公車站的路上有很多裝飾可愛的小店。
　　　　2 沿途經過許多不同色彩的小木屋，讓人心情愉悅。

「跳起來！」我興致高昂的吶喊。

「我怕跳起來很大聲……」說是這麼說，但還是跳起來了，而且還跳得很高。

「耶！我滿意了！」拍到好看的照片，我比誰都還要高興。

特拉凱小鎮除了有城堡、獨木舟、高聳城牆、彩色小屋外，還有許多小攤販賣紀念品，而這裡的紀念品質感很好，都很有特色，有很多彩色小屋的磁鐵、手織作品、黏土藝術相框、水晶球。

「這些小房子也太可愛了吧！可惜是陶瓷製作的，稍微擠壓一下……」我懊惱的將房子們拿了又放、放了又拿，突然靈機一動想到可以用襪子包著它們。

「好想買喔……」孟桉難掩失落的表情。

「把它們放進襪子裡包著，外面再包一堆衣服？」我提議。

「很不錯耶！妳怎麼難得那麼聰明！」孟桉講完沒多久就結了帳，速度之快。

「我還在猶豫要選哪些房子……」宇翎將好幾個小房子排列在一起，每一種排法感覺都不太一樣。

199

「難得看妳這麼猶豫。」我笑著說。

不知道哪裡得罪孟桉，孟桉很快地說：「對啊！難得看阿江這麼猶豫！就跟李慕盈難得聰明一樣。」

我聽完翻了翻白眼，用力的捏了捏孟桉的臉頰。

「我錯了……饒命啊……」不用想也知道，孟桉不可能真的在反省。

時間過得很快，直到搭上回維爾紐斯的巴士時，我們才發現出門後就沒有吃東西。

雖然我的班機是在晚上七點，但因為沒去過立陶宛機場，不知道臨時會不會有什麼變動因素，所以才決定早早出門，預留至少一小時提早抵達機場，而前往機場的路，必經維爾紐斯，因此和宇翎、孟桉一起搭巴士是順路的。

在歐洲的最後一餐，是旅途中買了不少次的小橘子，還有超市的烤雞腿，看似好像很寒酸，但不得不說根本是人間美味，我想離開歐洲後，我肯定會想念超市裡的便宜烤雞腿，還有超甜、水分多的小橘子，唯一且絕對不會想念的就是罐頭生魚片。

在抵達維爾紐斯後，我準備直接坐車前往機場，在離別前我用力地抱了抱陪我將近一個月的兩位摯友。

「謝謝妳們陪我來。」找好去機場的巴士後，我準備和她們分離。

「幹嘛謝啦？這是我們的畢業旅行！」宇翎最不熟悉這種溫馨場面了，但最後還是忍不住開玩笑：「加油喔！沒有簽約不可以回來喔！」

「突然覺得李慕盈好成熟喔！居然是要去香港簽約！」孟桉感慨地說。

莫名捨不得，知道再不走就走不了，我只好邁開我的步伐：「我走啦！」

「路上小心，搭上飛機要說喔！」宇翎不忘提醒。

「到香港要注意安全喔！別忘了多吃點港點。」孟桉跟我一樣滿腦子都是食物。

「好！」背上重重的背包，我大步向前。

在前往機場的路上，我就像站上戰場般，明明還沒到香港，卻因為離夢想太近，而顯得慌張。

「該來的還是來了，接下來只要相信自己就好……」哪怕在替自己打氣時，腦中閃過不少次失敗的陰影，但我還是強行讓自己振作。

叮咚！手機突然響起短訊的聲音，將手機螢幕打開後，發現字居然會自己亂跑，才發現，原來我的手不知不覺顫抖起來了……

來訊息的是曾哥、關哥，他們終於回覆我前兩天的訊息，字裡行間中充滿祝福、鼓勵，還有藏不住的喜悅。

當然在長長回覆中，不免還和我開了些玩笑，像是如果去香港後，沒有成功簽約，他們還有其他出版社名單，叫我不要擔心之類的。

等回覆完訊息時，也已經抵達機場了。

↑ 隨處都有可以觀賞湖畔的景觀區，離開這裡後就前往機場了。

踏上夢想的道路，總會有意外、挫折、荊棘，就像掙脫扯開蜘蛛設下的網，在未知的每天裡，我們都期望明天就能破蛹而出。

破門而入的警察

HONG KONG, DREAM COME TRUE

香港｜夢想成真

夢想的「中」點，圓夢：
是完成，也是全新的開始

離開歐洲的心情有些複雜，畢竟當初是抱持著離開時，已經拿到合約的打算；來的時候和孟桉、宇翎是分開來的，原以為走的時候會是一起的，沒想到現在卻是獨自一人在機場等候班機。

1 2　**1** 獨自一人在機場等候班機。**2** 同樣為了下一站旅途，而在機場來來去去的旅客們。

　　這讓我想起《哈利波特》電影裡的片段，哈利波特在被佛地魔用咒語擊中後，短暫陷入昏迷，並在夢裡與死去的鄧不利多在國王十字站裡碰面，一開始鄧不利多對著哈利說：『我們走吧！』

　　最後哈利對鄧不利多說：『我得回去，對不對？』

　　鄧不利多說：『那要看你怎麼決定，我想要是你決定不回去了，你就能夠……這麼說吧……坐上火車。』

　　接著又說：『我認為，要是你選擇回去，可能會有個機會能永遠解決他。』

　　在看這段的時候我就認為，這段的寓意，其實是換種方式告訴我們，遇到事情不能逃避、放棄，更不該想著走捷徑，應該勇於面對。

　　而我現在就在這樣的十字路口，我大可以直接接受曾哥、關哥的提議，去和他們認識的出版社合作，放棄在台灣書局裡看到自己出版的書；但在經過三番兩次掙扎後，我最後還是決定繼續踏上這段曲折的路，儘管不知道前方的路是否是懸崖、沼澤。

當別人無法給予你承諾的時候，你必須先給自己承諾；若是連你自己都無法成為自己的強大後盾，又有誰會為了你赴湯蹈火、共患難？

在手足無措，甚至有點心煩意亂的時候，搭上了班機，直到空姐遞給我耳機、毛毯後，我才安慰自己先別多想。

上飛機後的第一餐是奶油香菇筆管麵、麵包、沙拉、咖啡慕斯，緊接著到伊斯坦堡機場轉機，在等待轉機的同時，我趕緊抓著空檔用剩下的歐元買了開心果冰淇淋，以及土耳其軟糖，冰淇淋是給自己壓壓驚用的，而開心果土耳其軟糖是拿來當出版社總編、編輯們的見面禮。

在數小時後，終於抵達了香港，而香港當地時間已經接近傍晚。

獨自一人來到陌生環境，每走一步心跳都跳得飛快，下飛機順利轉搭巴士後，一邊慶幸自己是獨立的好孩子，一邊讚嘆背包並沒有想像中的重，原以為回來會是十公斤以上，沒想到卻只有七公斤，不知道是我終於學會節儉不買東西，還是因為磁鐵實在占不了什麼重量。

抵達住宿地點後，先在旁邊的餐館吃飯，香港物價其實挺貴的，所幸我找的這家店算便宜，這次只換了約台幣一千二的港幣，而這裡就算是路邊攤，價錢換算回台幣也要一百五十元左右，交通費也不便宜。

晚餐點了牛肉河粉配一杯港式奶茶，接著來到住宿的地方，想著明天或許就能完成夢想，緊張的同時也很興奮。

1 2　1 飛機上的義大利麵。 2 土耳其開心果冰淇淋。

⬆ 香港第一餐牛肉河粉配港式奶茶。

訂的這間青年旅館，是我在兩、三天前預訂的，當時除了這間以外，其他青年旅館都被訂走了，而身上的錢所剩不多，只夠找間台幣七百塊左右的住宿。

帶著半期待又怕受傷害的心情，走上一層層的階梯。

直到打開房門後，我忍不住驚呼一聲：「天啊！真的假的？」

沾滿灰塵的冷氣、狹窄到不能並排三人的走道，不到二十坪的房子已塞滿六個人，加上我就是七個了，打開門後我跟大家點了點頭，打了招呼，而她們看我的臉色並沒有很好，發現其中一個床位甚至塞了兩個人，我尷尬地尋找我的位置，而唯一一個還沒有人躺的位置，上面有一台沾滿灰塵的冷氣機，就連棉被也沾了些許灰塵，整個環境十分糟糕。

我立刻打開我的手機搜尋其他住宿地點，無奈都已漲到三千塊以上，身上的錢根本不夠支付，而信用卡本身要很緊急才能使用，為了不花父母的錢，我開始催眠自己，不過只是一個晚上而已，睡覺起床後趕緊離開便行……

趁還沒有人洗澡時，我先進入浴室，才發現這間浴室的空間只有一坪而已，坐上馬桶上廁所，膝蓋就會撞到牆壁，會產生自己腿很長的錯覺。

而在這不到一坪的浴室裡，我發現地上有好幾罐的沐浴乳、洗髮精，這讓我更加確信自己被房東騙了，今天的室友們除了一個中國人以外，其他都是東南亞人，看起來就像在這住很久，不僅有些人的床上放著小檯燈，甚至還有人放了娃娃、一堆衣架掛衣服，很顯然的，今晚的室友們不僅是東南亞人，而且還住在這很久了。

身為一個很容易過敏的孩子，在一個積了滿滿灰塵的冷氣下睡覺，是一件很痛苦的事，我將背包內的衣服、外套都拿了出來，蓋在自己的身上，遮

住眼睛、鼻子，甚至預備好衛生紙在旁邊，好險坐了很久飛機，身體真的很疲憊，不然不知道在這樣充滿灰塵的環境裡，會失眠多久。

隔天凌晨六點，聽到門外有些騷動，之前就聽說香港人都起得挺早的，原本想說是不是工人上班要準備施工，但門口卻傳來敲門聲……與其說是敲門聲，不如說是撞門的聲音，除了我和中國人以外，其他東南亞的室友紛紛露出驚慌失措的表情，有人開始翻找包包、整理東西，也有人衝進浴室，或是努力躲到雙人床下，只可惜外面的人動作更快，很快地就將門撞開。

進入眼簾的是許多拿著盾牌、槍的警察，他們破門而入後，就叫所有房內的人將手放在看得到的地方，接著請大家依序拿出護照，並打開行李倒出所有東西，很快地，房間裡的人都被戴上手銬帶走，只剩我和另一個中國人。

「這是什麼整人節目嗎？」中國女孩喃喃自語後，問我：「接下來妳打算去哪裡？」

「可能找間咖啡廳坐坐吧……」我無奈地說。

「其實我也才來這住兩天而已，那時候就覺得有點怪了……」中國女孩說。

「我昨天剛來，進到浴室看到地上有一堆大罐的沐浴用品後，我大概有猜到……」

「她們是逃逸外勞？」中國女孩接著說：「我一定要檢舉這個惡劣房東。」

不一會兒，我們各自整理好行李，前往巴士站坐在長椅上，而中國女孩則是在我沒注意時，默默離開。

完成夢想的瞬間，腦袋一片空白、不聽使喚，就和往常一樣，認為自己並不是事件中的主角，當你準備掌聲鼓勵給人喝采時，才發現耳邊已經傳來拍手聲，過數十秒才驚覺自己做到了。

圓夢的瞬間

HONG KONG, DREAM COME TRUE
香港｜夢想成真

夢想的「中」點，圓夢：
是完成，也是全新的開始

忐忑不安又難以呼吸，經歷早上警察破門而入的事件後，讓我連走路都不自覺地低頭，實在是太不安了，感覺每分每秒都會出現意想不到的事。

早上六點多坐在巴士站將近四十分鐘後，我終於不再恍神，動身前往出版社附近的餐館，這裡有賣各式早午餐，還有港式點心，我毫無創意點了跟昨天一樣的牛肉河粉，只因為它是菜單中看起來最便宜又吃得飽的食物。

我開始打開與出版社談話的郵件，看了自己傳的作品、自薦信，並在思考著，他們會問什麼問題，就像準備面試一樣，盡可能地多準備一些。

隨著時間越來越近，一轉眼就到了下午兩點四十分。

這段時間其實是可以去鄰近景點參觀逛逛的……但因為太緊張了，哪都去不了。

不怕一萬，只怕萬一。

深怕因為什麼事導致自己遲到，像是地鐵、巴士稍微晚點，或在回來的路上多等一個紅綠燈，總之太多因素會讓我「不小心晚到」，所以我寧可提早到超多小時，在旁邊等候。

我小心翼翼地看著手機的時間，想要剛好下午兩點五十九分抵達出版社門口。

太早到或遲到可能都會帶給別人困擾，所以我特地選擇分秒不差的時間出現，在進去出版社，約莫兩分鐘前，我簡單用微信傳訊息給窗口，也就是負責台灣旅遊書的編輯聯繫，跟她說明我已經在出版社附近，會準時抵達。

只是萬萬沒想到，幾乎在傳得一瞬間，她就秒讀了。

「好，期待碰面！電梯出來後就會看到我們出版社的門，直接推門進來就可以了。」

看著訊息，強烈盼望能完成夢想的慾望瞬間襲來，簡直快吞沒一切，我吞了吞口水，試著讓自己冷靜。

害怕再次失敗的我，此時此刻就像任人斬割的羔羊。

我只能將接下來發生的事，交給命運。

心臟跳得強而有力，可以清楚地聽到它噗通噗通的聲音，看著手機時間跳到下午三點整，我推開出版社的門。

緊接著微笑的和大家大聲打招呼。

編輯們看著我背著超大背包，立刻衝上前扶著後面：「真的很有旅遊作家的樣子！我很佩服當背包客的人，妳看妳這背包，大到感覺妳下一秒就要往後跌了。」

其中一位編輯，也就是負責跟我聯繫的 Heather，她有著大大的眼睛，長到胸口的烏黑頭髮，她和我介紹：「我是 Heather，蘋果電腦後面的這位是我們的總編！」

「嗨！慕盈，妳的作品、寫作方向和自薦信我都看了，履歷非常的豐富，期待等下妳跟 Heather 聊過後，加入我們！」總編是位氣勢非凡的女士，她熱情地伸出手和我打招呼。

我開心回握總編的手：「能和您們有合作的機會，是我的榮幸！」

「真好，年輕就是不一樣，看起來很有活力的樣子，聽說妳從歐洲特地搭飛機過來？」總編挑著眉，露出不敢置信的表情。

「是的，我從立陶宛的維爾紐斯，也就是……東歐那邊飛來！」

「是剛好去玩嗎？」總編很好奇。

「這說來話長……」我尷尬地笑著：「也算是在歐洲和一群朋友當背包客啦！」

「那他們跟妳一起飛到香港了嗎？」

「沒有，他們還在歐洲旅行！」我說：「我飛往香港後，有的朋友飛去土耳其，有的去了波蘭。」

「實在太有趣了，看著妳背著背包走進來，就覺得妳一定有很多故事，真

的覺得我們找對人了！對了……包包先放這邊吧？換一個小包包，或拿重要東西在身上就好，不如讓妳和我們負責台灣旅遊書的編輯，去咖啡廳單獨聊聊？這樣妳也會比較自在些？」

「啊！好的！」我手忙腳亂地將包包放下，並努力從包包中抓出錢包，還有要送大家的土耳其軟糖。

「這個先給您們，我在伊斯坦堡機場轉機時，買的開心果土耳其軟糖，希望您們喜歡！」

大家收下後，紛紛道謝，當我將土耳其軟糖分完時，Heather 就請我跟上她的腳步：「走吧！慕盈跟我來！」

「好！」我用最快的速度跟上她，並在離開前跟大家再次鞠躬、揮揮手。

說是咖啡廳但其實只是對面的星巴克，相隔一個馬路而已。

↑ 與編輯合照。

「想喝點什麼？不用客氣我去幫妳點，請妳喝！」Heather 進入星巴克後便轉身問我，此時我們已先找好一個位置。

「沒關係，不好意思麻煩 Heather ！」

「不會麻煩的，別跟我客氣！」其實我真的超渴，又很想喝東西，但真的因為太過緊張，所以還是先拒絕了。

「好！那我先去點喝的，妳等會⋯⋯」接著 Heather 就去買星冰樂。

看著 Heather 去排隊點餐的背影，我不禁懊惱的扶著頭。我在想什麼呢？不管我有沒有要點飲料，Heather 都一定會去買飲料，因為這樣我們才能內用談合作相關細節。

「糗了⋯⋯」瞬間感覺天都要塌下來。

現在過去排隊說自己其實也想點飲料，Heather 肯定覺得莫名其妙，於是在掙扎許久後，我還是坐在位置上，一方面是要幫 Heather 顧一下包包，另一方面是太尷尬了。

「好了，重新跟妳正式打招呼，我是 Heather，主要是負責香港、台灣地區的旅遊書編輯，很開心終於碰面了！」她伸出手，我則是靦腆地回握。

「接下來，要跟妳談的事情有點多，主要是想讓妳知道我們會用什麼樣的形式合作，以及我們出版社的特色、形象、編排手式，包含我們會如何宣傳這本書，還有通路會有哪些，這都是需要跟妳做介紹的。」在 Heather 說話的同時，我也將事先準備好的筆和小筆記本拿出。

「不用啦！妳不需要太拘束，這些其實聽聽就好。」Heather 將手蓋在我的筆記本上：「應該是我要緊張才對，因為是我要說服妳跟我們合作，妳真的不用緊張喔！」

「疑？是真的確定要跟我合作了嗎？」我藏不住心中的喜悅，雖然努力克制表情，但聲音尾音明顯上揚。

「對！我們確定合作，當然前提是妳願意⋯⋯因為我們行程比較趕，預計

今年十月就會出版，所以簽完合約後，接下來的兩個月都需要集中拍攝。」

接著就像夢一般，Heather 開始滔滔不絕地介紹出版社，和所有相關出版作品，並送了我香港、台北旅遊書。

「在妳來之前我們就決定要和妳合作了，這是與妳的專屬合約，妳先看一下內容，如果有需要修改的條款，歡迎直接來信和我說，若沒有問題，我們會直接給妳電子檔，打印出來蓋章、簽名後，再掃描回信給我們就行了。」

「啊！對了！」Heather 講完後突然激動地看著我：「打印是影印的意思妳知道吧？我已經盡量用台灣的方式說話了，都聽得懂嗎？」她看著我大笑。

「懂！」我笑著回答：「謝謝妳，我有發現妳們為了我把係都改成是哈哈！那我合約再回去看一下。」手不自覺顫抖地收下這份得來不易的合約，一切都像夢一樣，這麼這麼的不真實。

「哈哈對啊！好不習慣，不過因為我們出版社裡，本來就有台灣來的朋友任職，所以現在公司了多咗好多人都會講台灣國語，啊……了多咗好多人是多了很多人的意思，總之我們出版社的台灣同事現在廣東話說得特好，大夥彼此學習。」

如釋重負後，我們彼此開了開玩笑，Heather 也問了很多關於我的問題，包含在電視台當節目企劃到底有不有趣，如果給一張免費機票最想去哪裡，除了作家以外，有沒有其他想做的事。

而 Heather 也成為我人生中第一位合作的責任編輯。

⬆圓夢當天中午吃的牛肉河粉。

實踐夢想後，站上心中的金字塔，發現天空如此廣闊、蔚藍，才發現原來這世界，還有這麼多夢值得去追尋；而每個夢想實踐的背後，都是無盡的努力，一層一層從基底建起，努力創造出來的。

美夢成真後的殘酷世界

HONG KONG, DREAM COME TRUE

香港｜夢想成真

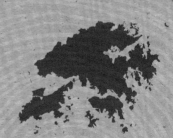

夢想的「中」點，圓夢：
是完成，也是全新的開始

跟著 Heather 回去出版社後，總編立刻向前擁抱我，原來剛剛在咖啡廳的時候，Heather 就已經傳訊息說我願意合作了。

「我請她先把合約拿回去看看，基本上是確定合作啦！」Heather 開心地向總編再次報備。

「太好了慕盈！我們之後合作愉快！」

接著總編故意開玩笑，把我拉去角落，並將她的名片假裝偷偷塞給我，接著用超大的聲音說：「她們欺負妳的話，可以跟我偷偷告狀。」

「哪敢！」Heather 立刻揮揮手：「說不定是慕盈欺負我，不交稿之類的。」

「不敢！」我立刻說：「我效率很快的。」

「那是！」Heather 將手放在我的肩膀，並把我拉近：「說好不拖稿了喔！」

「我盡量……」這下子我是真的不敢拖稿了。

之後和 Heather 拍了幾張合照後，為了不打擾大家工作，我就先行離開了，在離開出版社辦公大樓的瞬間，我終於按耐不住興奮，還有欣慰的淚水。

終於！

我終於完成夢想了，這可是我一直等待的機會啊！從國二開始就希望有天能出書，算一算也有十年的時間了，中間一度放棄，幸好最後，還是再次提起勇氣，努力抓住這個夢想。

完成夢想的瞬間，從前受過的委屈、害怕，永無止盡的等待，別人的不認可、看不起、冷嘲熱諷，一下子消失殆盡；直到完成夢想的那一刻，我才知道……原來，我是幸運的。

我趕緊將這個消息，告訴我的父母、曾哥、關哥、宇翎、孟桉，在自己都難以相信的喜悅中，受到了大家的祝福。

曾哥、關哥傳了訊息，說了很多讓我很感動的話，其中有句讓我特別印象深刻。

『會飛的鳥以為自己無法翱翔，錯過不少展翅高飛的時機，而現在卻飛得比誰都還要高，因為吃到了自己細心呵護的那顆甜美果實。』

孟桉、宇翎則紛紛傳來的訊息，她們說她們早就知道我會成功了，從頭到尾只有我自己不相信。

至於我的父母們，除了有滿滿喜悅外，主要還是問我有沒有直接簽合約。

「妳不會直接簽了吧？沒那麼笨吧？那是賣身契欸！要先給我們看過。」

「什麼叫做差點簽？妳要帶回來給我們看過，才能簽啊！妳這孩子……真是！不要老是衝動做決定，妳忘記妳還有爸爸媽媽了嗎？」

回覆完大家的訊息後，我看了看時間，離飛機起飛還有四小時……。

看來是來不及看「梵高在世：多感官體驗展」了，因為特別喜歡《星夜》這幅畫，本身也是梵谷迷，所以在看到這個展覽訊息時還特別興奮，不僅搜尋不少展覽圖片，甚至想好拍攝路線，還在查資料的途中，發現梵谷在香港、中國都音譯為梵高。

在確定無法看展後，我打開了錢包，驚覺現實的殘酷，錢包裡扣掉晚餐錢後，居然只剩一百元港幣，而這一百港幣還需要在扣除前往機場的交通費才行，為了防止各種意外發生，我決定不要再去更遠的地方，直接往機場的路上邁進，看途中有什麼可逛的。

一路上我東逛逛、西看看，因為沒有錢，所以總感覺背包也沒什麼重量，此時此刻我就是個什麼也沒有的孩子。

直到我看到了三件超可愛的衣服，讓我停下了腳步。

這三件衣服有兩件是有恐龍圖案的，一個則是有文青感的插畫，三件我都非常喜歡，看了看價錢，特價七十港幣，在香港一百港幣以下的衣服，是非常難見到的，只可惜偏偏我身上扣除晚餐、交通費，只剩八十港幣可以花。

我一件、一件拿進去試穿，在排隊進試衣間的時候，因為自己的包包很大、占了兩個排隊格，而感到不好意思，在三件都試穿了以後，我選擇有三

個小恐龍的那件衣服，並在心裡暗自發誓，下次再回來時，一定要再來這家店買衣服，或是去日本要橫掃這個品牌的店家。

這家衣服店是從日本過來的，只可惜台灣目前沒分店。

在排隊途中，我還看到了恐龍襪子，剛好可以配我的恐龍衣，只可惜那雙襪子要二十港幣，而我扣掉衣服錢只剩十港幣可以花，只好作罷。

抵達機場後，還剩兩小時，因為來得早所以先去吃晚餐，點餐時再次回到數學地獄，看了好幾次的菜單，又來來回回看了好幾家店，最後終於認清了自己無論哪家店都無法點套餐的事實。

「今天不是實現夢想的一天嗎？怎麼搞得自己那麼狼狽？」喃喃自語後，我最終還是選擇了一樣的餐點。

是的，我連續三餐都吃了牛肉河粉，而這次因為沒錢所以不能點港式奶茶。

最後我用剩下的十港幣買了明信片和郵票寄給自己，上面寫著：「夢想成真的這一天，謝謝妳的努力和堅持，不相信能有成就的我們，依舊靠著自己完成了夢想，努力是不會白費的，這樣有毅力的妳真的很美麗、發光發熱。」

1 **2** **1** 一邊走一邊拍的香港街景。 **2** 左邊是我買的小恐龍衣。

曾經，甚至一直到現在我都還是個在追尋夢想的人。

人們會有很多夢想，完成了一個以後，又會創造出另一個夢想。

很顯然的夢想是為了達成、實踐而存在著，在達成夢想的過程中，我們都曾被不斷地否認。

不得不承認，當被身邊的人反對、甚至被不熟的人冷嘲熱諷，將你的夢想當成笑話時……就連自己也開始迷失、否定自己。

會開始思考著，這麼做是不是真的很好笑？自己是不是真的做錯了，選了一條難走的路？自己好像真的和別人不一樣，來到了人生的交叉口，大家都選了左邊、右邊，卻好像只有自己橫跨道路，走了一條不在選擇中的道路。

在完成夢想後，我回頭看看哪一步是做得最好的，我問了我自己，是去歐洲差點簽約時，繼續努力找出版社嗎？還是自己果斷決定飛去香港，和長空出版社的編輯們碰面？

結果都不是，我做得最好的一件事，並不是這些，仔細想想，我做得最好的事，正是鼓起勇氣寄出自薦信、作品集的剎那。

到現在雖然已經出了四本書，但我還記得每次寄信給出版社時，按出寄出鍵的瞬間，那時總會腦袋空白、倒吸好口氣。

在離開香港後的一個禮拜，我便與出版社成功簽約，也在那年的十月出版了我人生第一本旅遊書。

這本書獻給那些，與我一樣懷抱夢想，並努力實踐的人們，以及我的兩位摯友宇翎、孟桉，還有從國中開始就支持我當作家，一路陪著我的朋友、家人們。

↑ 終於回台灣，等待背包下飛機。

橫跨一萬七千公里
一圓作家夢

書　　　名　橫跨一萬七千公里，一圓作家夢
作　　　者　李慕盈
主　　　編　莊旻嬑
美　　　編　羅光宇、譽緻國際美學企業社
封面設計　洪瑞伯

發 行 人　程顯灝
總 編 輯　盧美娜
發 行 部　侯莉莉
美術編輯　博威廣告
製作設計　國義傳播
財 務 部　許麗娟
印　　務　許丁財
法律顧問　樸泰國際法律事務所許家華律師
藝文空間　三友藝文複合空間
地　　址　106 台北市安和路 2 段 213 號 9 樓
電　　話　（02）2377-1163
出 版 者　四塊玉文創有限公司
總 代 理　三友圖書有限公司
地　　址　106 台北市安和路 2 段 213 號 9 樓
電　　話　（02）2377-4155、（02）2377-1163
傳　　真　（02）2377-4355、（02）2377-1213
E - m a i l　service @sanyau.com.tw
郵政劃撥　05844889 三友圖書有限公司

總 經 銷　大和書報圖書股份有限公司
地　　址　新北市新莊區五工五路 2 號
電　　話　（02）8990-2588
傳　　真　（02）2299-7900

初版　2022 年 10 月
定價　新臺幣 420 元
ISBN　978-626-7096-19-2（平裝）

國家圖書館出版品預行編目（CIP）資料

橫跨一萬七千公里，一圓作家夢 / 李慕盈作. -- 初
版. -- 臺北市 : 四塊玉文創有限公司, 2022.10
　面；　　公分
　ISBN 978-626-7096-19-2（平裝）

1.CST: 旅遊文學 2.CST: 世界地理

719　　　　　　　　　　　　　　　111015377

三友官網　　三友 Line@

五味八珍的餐桌
品牌故事

60 年前，傅培梅老師在電視上，示範著一道道的美食，引領著全台的家庭主婦們，第二天就能在自己家的餐桌上，端出能滿足全家人味蕾的一餐，可以說是那個時代，很多人對「家」的記憶，對自己「母親味道」的記憶。

程安琪老師，傳承了母親對烹飪教學的熱忱，年近 70 的她，仍然為滿足學生們對照顧家人胃口與讓小孩吃得好的心願，幾乎每天都忙於教學，跟大家分享她的烹飪心得與技巧。

安琪老師認為：烹飪技巧與味道，在烹飪上同樣重要，加上現代人生活忙碌，能花在廚房裡的時間不是很穩定與充分，為了能幫助每個人，都能在短時間端出同時具備美味與健康的食物，從 2020 年起，安琪老師開始投入研發冷凍食品。

也由於現在冷凍科技的發達，能將食物的營養、口感完全保存起來，而且在不用添加任何化學元素情況下，即可將食物保存長達一年，都不會有任何質變，「急速冷凍」可以說是最理想的食物保存方式。

在歷經兩年的時間裡，我們陸續推出了可以用來做菜，也可以簡單拌麵的「鮮拌醬料包」、同時也推出幾種「成菜」，解凍後簡單加熱就可以上桌食用。

我們也嘗試挑選一些熟悉的老店，跟老闆溝通理念，並跟他們一起將一些有特色的菜，製成冷凍食品，方便大家在家裡即可吃到「名店名菜」。

傳遞美味、選材惟好、注重健康，是我們進入食品產業的初心，也是我們的信念。

冷凍醬料做美食

程安琪老師研發的冷凍調理包，讓您在家也能輕鬆做出營養美味的料理。

冷凍醬料的 5 大優點

省調味 x 超方便 x 輕鬆煮 x 多樣化 x 營養好

選用國產天麴豬，符合潔淨標章認證要求，我們在材料和製程方面皆嚴格把關，保證提供令大眾安心的食品。

三友官網　五味八珍的餐桌官網　五味八珍的餐桌FB　程安琪鮮拌味FB　程安琪入廚40年FB　五味八珍的餐桌LINE @

聯繫客服　電話：02-23771163　傳真：02-23771213

冷凍醬料調理包

香菇蕃茄紹子

歷經數小時小火慢熬蕃茄，搭配香菇、洋蔥、豬絞肉，最後拌炒獨家私房蘿蔔乾，堆疊出層層的香氣，讓每一口都衝擊著味蕾。

雪菜肉末

台菜不能少的雪裡紅拌炒豬絞肉，全雞熬煮的雞湯是精華更是秘訣所在，經典又道地的清爽口感，叫人嘗過後欲罷不能。

麻辣紹子

麻與辣的結合，香辣過癮又銷魂，採用頂級大紅袍花椒，搭配多種獨家秘製麻椒配方，雙重美味、一次滿足。

北方炸醬

堅持傳承好味道，鹹甜濃郁的醬香，口口紮實、色澤鮮亮、香氣十足，多種料理皆可加入拌炒，迴盪在舌尖上的味蕾，留香久久。

冷凍家常菜

一品金華雞湯

使用金華火腿（台灣）、豬骨、雞骨熬煮八小時打底的豐富膠質湯頭，再用豬腳、土雞燜燉2小時，並加入干貝提升料理的鮮甜與層次。

靠福·烤麩

一道素食者可食的家常菜，木耳號稱血管清道夫，花菇為菌中之王，綠竹筍含有豐富的纖維質。此菜為一道冷菜，亦可微溫食用。

3種快速解凍法

想吃熱騰騰的餐點，就是這麼簡單

1. 回鍋解凍法

將醬料倒入鍋中，用小火加熱至香氣溢出即可。

2. 熱水加熱法

將冷凍調理包放入熱水中，約2～3分鐘即可解凍。

3. 常溫解凍法

將冷凍調理包放入常溫水中，約5～6分鐘即可解凍。

私房菜

純手工製作，交期較久，如有需要請聯繫客服
02-23771163

程家大肉

紅燒獅子頭

頂級干貝X